不用記憶的記憶術

樺澤紫苑 著
涂紋芸 譯

覚えない記憶術

前言

靠「不用記憶的記憶術」輕鬆記憶

「看完書，很快就忘記內容了。」
「看完電影後，想不起故事情節。」
「越來越常在工作上不小心犯錯。」
「讀書準備資格考試、晉升考試，卻完全記不起來。」
「最近常忘東忘西，很擔心是不是得了失智症。」

你是不是也這麼覺得呢？

我寫這本書的目的，就是為了幫大家毫無壓力地解決這些煩惱。

我非常喜歡看電影，常常去看。偶爾遇到看過同部電影的朋友，我就會滔滔不絕地談論起那部電影。聽到我詳述經典臺詞、經典伏筆、人物的心理變化等等，對方就會說：「你居然連那麼細微的地方都記得。」

這時，我反倒很想問他們，為什麼一個月前才看的電影，現在就不記得內容了？

不僅是看電影，看書也一樣。在彼此談論一個月前看過的書時，大部分的人連感想都說得不清不楚。連感想都說不出來，看過也等於沒看，對自我成長毫無幫助。

回想起來，不僅是一個月前看過的電影、讀過的書，連一年前甚至十年前看過的書或電影，我都可以比其他人記得更詳細、更不會忘記。

並不是我的記憶力從以前就特別好，關於記憶，我在學生時代甚至有過艱辛的經驗。為了克服這個難題，我下了一番工夫，不斷嘗試錯誤，發現不用刻意去背或記憶，也可以歷歷如繪地想起書或電影的內容、自己得到的經驗或印象深刻的工作插曲等等。

換句話說，就是「不用記憶的記憶術」。

完全不必像在電車上看到的考生那樣，死背活背、硬記下來，人生不用努力，就能快樂似神仙。有這樣的「記憶術」存在，可以讓我們快活地記得更多東西。

不要仰賴「背的能力」和「記憶力」

我重考一年，考進了札幌醫科大學的醫學院。當上大學生很開心，最初的半年玩得不亦樂乎。沒多久，進入了期中考。據說只要將過去的題目和筆記影印本彙整出來的「考古題」，每個科目大約四十到五十張B5紙，全部背起來就行了。

話是這樣沒錯，但張數多到爆，沒那麼容易背下來。我花了一個禮拜的時間死背活背，成績雖然逃過了「紅字」，卻還是慘不忍睹。

然而，我的一個朋友說：「這種東西只要三天就能輕鬆地背下來。」我讀得要死要活，其他同學卻很快地背下了「考古題」，不但比我輕鬆許多，還拿到比我高很多的分數。我看到他們的讀書模式和考試結果，幡然醒悟：「考進醫學院的人，頭腦結構都不一樣。跟那種人比背的能力，絕對沒有勝算。」

在這麼狹小的大學內，記憶力比我好的人比比皆是，出了校門就更不用說了，頭腦好的人當然是不計其數。我連一個學年的一百人都贏不了，出社會後要跟那些人比「背的能力」、「記憶力」，也絕對贏不了。

這是我在抱持夢想和希望考進去的醫學院，第一個受到的挫折，不，是第一個「發現」。就在那時候，我想到：

「除了純粹靠背的能力之外，有沒有其他方法可以贏他們呢？」

就是不靠硬背既有的教材，而是靠自己天生的個性取勝的方法。

在那之後，我花了好幾年的時間，靠「背的能力」之外的方法，找到了徹底激發出自我潛能的方法，不，是激發出「腦力」的方法。

這是經過二十多年的錯誤嘗試所磨練出來的方法，即使「記憶力」差，也能發揮自己的個性、抓住機會，讓自己大幅成長，在社會上得到肯定。

由我這二十年來在「記憶」與「學習」方面的錯誤嘗試，匯集而成的淺顯易懂的秘訣，就是本書所寫的「不用記憶的記憶術」。

檢索全盛時代，舊的「背的能力」、「記憶力」都不適用了！

日本的高中、大學的入學考題，雖然也需要「思考能力」，但主要還是靠「背」，幾乎都是背起來就能回答的題目。換言之，日本的考試制度就是把「記憶力」好的人，選拔為「優秀的人」。

但是，成為社會人士後，「記憶力」真的很重要嗎？
根本不需要「記憶力」吧？
所謂的社會人士，是活在「作弊ＯＫ」的世界。譬如，在公司要做簡報資料時，必須盡可能大量閱讀許多與簡報相關的書籍或文獻，做出最豐富的內容。要閱讀什麼都行，要查什麼都行，反倒是沒看過重要的資料的話，肯定會被罵到臭頭。在這個世界裡，不存在所謂的「記憶力」，需要的是「活用資訊的能力」。
另一個重點是，現在是網路時代，亦即「檢索」的時代。即便「一時想不起來」或「忘記」一個小小的數字、資料，只需靠電腦或手機檢索，就能在十五秒或三十秒內馬上找到「答案」。
網路世界就是我們的「外接硬碟」，在這種檢索全盛時代，真的還需要舊形態的「背誦力」、「記憶力」嗎？
總而言之，撇開要準備國家考試、資格考試、晉升考試的人不談，至今以來在各位印象中的「背誦力」、「記憶力」，對一般上班族的工作完全沒有用。
在檢索全盛的時代，完全沒有必要去記「情報內容本身」，但是，如果不去記「在哪裡有哪種情報」的話，就必須多耗費找出情報的時間。

我們被要求的不是「記憶力」本身，而是如何快速找到「記憶（過去親身體驗過的資訊、知識、經驗）」、如何靈活運用。

這樣的「資訊活用術」，才是現代的嶄新「記憶術」，正確來說，應該是「記憶活用術」。

不可思議的是，幾乎沒有人察覺這件事，怎麼說呢？因為像本書這種「因應檢索時代的記憶術」的書籍，可以說一本也沒有。

精神科醫師教你「不用記憶的記憶術」

我成為作家之前是精神科醫師，研究阿茲海默症長達十年之久，我的博士論文也是與阿茲海默症相關。阿茲海默症是失智症的一種，主要症狀為「記憶功能障礙」。有段時期，我也對幾十位阿茲海默症的病患進行過「記憶力測試」，做為研究的一環。

因此，我做過許多關於記憶如何形成、如何產生障礙的研究。

另外，我的臉書專頁有十四萬名按讚粉絲、Twitter 有十二萬名追蹤者、電子報的訂閱數有十五萬份，每天都像這樣透過網路媒介，提供資訊給累計約四十萬名的讀者，最近 YouTube 影片也每天更新。我這麼做的時間，已經超過十八年。

要記住想記住的資訊，必須徹底做到輸出（Output），這點我將會在本文中詳述。能自由自在地活用多彩多姿的媒體、擁有數十萬人的媒體力量、又能不斷提供資訊超過十年的日本人，就我所知，除了我之外沒有其他人。

我既是精神科醫師，也是在網路上做輸出的第一人。這次我將以最新的腦科學研究為依據，透過《不用記憶的記憶術》這本書，告訴大家如何把「記憶力」發揮到極致，進而把你的「工作能力」發揮到極致。

這個方法與舊形態的「背誦法」、「記憶術」迥然不同。

在完全因應手機時代、Google 時代的現在，以及今後的網路時代，學會絕對需要的「嶄新記憶活用術」，你就能比他人快好幾倍完成工作，並以壓倒性的速度自我成長。

不用硬背，也不用努力背，記憶力越差的人越有效果。

希望從這本書學會完全顛覆常識、劃時代的「不用記憶的記憶術」後，可以改變你的人生。

目錄

第一章　「不用記憶的記憶術」的三個好處

第二章　大可不必硬塞——輸出記憶術

第三章　不靠記憶力，將成果最大化——記憶力之外的記憶術

第五章　獲得無限的記憶——社交記憶術

第一章

「不用記憶的記憶術」的三個好處

「不用記憶的記憶術」的三大好處與基本戰略

「不用記憶的記憶術」是加速自我成長的工作術

「真的不用記憶就能記憶嗎？」

現在開始看這本書的你，一定會這麼想。

以前都是辛苦地背、辛苦地記憶，現在卻可以「不用記憶」地記憶。你一定會半信半疑，真的有這麼好的事嗎？

結論是，不用記憶地記憶、輕鬆地記憶，的確有可能做得到。

甚至，只要履行本書的「不用記憶的記憶術」，記憶力就會變好，不但能達到考試及格的「記憶」相關成果，更能達到活化腦部、大幅提升學習能力與工作能力、飛躍性地加速自我成長的結果。

也就是說，「不用記憶的記憶術」不單單只是記憶術，也是加速自我成長的工作術。

在講「不用記憶的記憶術」的具體要訣之前，我要先告訴大家從「不用記憶的記憶術」獲得的「三大好處」，以及確實獲得各個好處的「基本戰略」。

【「不用記憶的記憶術」的好處❶】

預防腦部衰退與失智症

最近非常健忘……你是不是有這樣的煩惱？

有沒有人覺得自己「最近非常健忘」、「叫不出人名」、出現「那個、這個的指示代名詞越來越多」的症狀？

最近會一時叫不出人名、會忘記現在是來拿什麼、會突然想不起前天才看過的書的書名、會不小心忘記重要的約會……

出現這些「健忘」的症狀，有人就會擔心自己是不是得了失智症，或是擔心是不是失智症的開端。

大多數人一方面強烈地希望：「可以防止記憶力衰退。」一方面卻又認命地想：「人老了記憶力就會衰退，這也是沒辦法的事。」所以，大部分的人對逐漸衰退的記憶力，都不會採取任何對策。

不太動腦，機能就會退化，記憶力隨之衰退；或者，腦細胞會不斷地死亡，腦便逐漸縮小，這稱為「廢用性萎縮」。

從核磁共振攝影（ＭＲＩ）的斷層照片可以看到高齡者的腦部大多萎縮了，隨著年齡增長，每年一點一點地萎縮。

聽到這樣的事，大多數的人會想：「上了年紀，記憶力果然會衰退。」其實，馬上把「年齡增長等於記憶力衰退」相連結，在腦科學上已經知道是錯的。

上了年紀，大腦也會成長

「腦細胞從出生後就持續減少」、「腦細胞會每天減少十萬個，不會增加」之類的話，很多人都聽說過吧？我還是醫學院的學生時，也學過「腦細胞不會增殖也不會新生」。

但是，最近的腦科學研究已經證實這是錯的。

英國倫敦大學的馬圭爾教授，調查十六名倫敦市內的計程車司機的腦部，發現他們的「海馬」的體積比一般人大，當計程車司機的經驗越長，海馬的體積越大。結果顯示，有三十年駕駛經驗的資深計程車司機，相較於一般人，海馬的體積大了百分之三。體積增加百分之三，就等於神經細胞的數量增加了百分之二十。

計程車司機必須記住倫敦縱橫交錯的複雜道路，每天都在做記憶的訓練，所以神經細胞增殖了，海馬的體積也增加了。

每天發呆，過著毫無刺激的生活，大腦就會衰退，腦細胞也會隨著年紀增長不斷死亡。**但是，鍛鍊大腦，就能增加在記憶方面有重要機能的「海馬」的細胞數，進而增加海馬的體積！**

基本戰略一

鍛鍊腦，培育腦──四十歲起活化腦理論

一般認為，人成年後，大腦就不再成長了，只會隨著老化逐漸失去機能。然而，如前所述，已經知道這是錯誤的想法。

腦部機能並非與神經細胞的數量成正比，比較有關係的是，神經與神經之間的突觸（synapse）的結合數。

神經是由許多神經彼此構成的網路，連接神經與神經的部位稱為突觸。一個神經細胞是靠數千個突觸的結合與其他神經細胞結合，來形成非常縝密的網路。

這個突觸的結合數，可以靠鍛鍊大腦，在年過四十歲、五十歲後仍持續增加。增加突觸的結合數，便可提升你的「記憶力」。

記憶力因老化而衰退，有個人的差異。經種種研究、實驗證明，高齡者當中也有記憶力明顯衰退的人。

什麼都不做，腦細胞就會隨著年紀減少；大腦老化了，記憶力就衰退了。但是，反過來說，善用大腦的話，就大有「可能」增加神經細胞與突觸的結合數，防止腦部老化，提升記憶力，讓大腦永遠在生氣勃勃的狀態下活動。

靈活運用最新的腦科學知識，讓大腦活化、記憶力比現在更好。進而防止腦部衰退，預防失智症。

關於失智症的預防，會特別在第七章敘述。

基本戰略二

靠「大人的能力」決勝負——活用大局觀理論

很多人認為，隨著老化，不只體力，連腦的大部分機能都會隨之衰退，但這個想法完全錯誤。

有些能力會隨著年紀增長退化，也有些能力會在年紀增長後成長。

擁有「永世」稱號的將棋名人羽生善治，在他的著作《大局觀與自我奮戰不輸之心》中，有如下的敘述：

「在體力及判讀能力上，年輕的棋士比較占上風，但運用『大局觀』，便能養成『如何不被看透』的心境。在將棋中，這種『大局觀』會隨著年齡增長越來越強、越來越進步。」

所謂大局觀，就是累積經驗培養出來的洞悉全局的能力。

若是什麼都不做，記憶力、學習新事物的能力或注意力和集中力，都會隨著年齡增長而衰退。然而，概觀並掌握事物全局的能力，以及彙整思考重新組織的能力等，會隨著年紀成長。

這是因為知識的庫存會隨著年紀增加，所以可以把新取得的資訊與既有的知識庫存作對照、比較，活用知識的資料庫，下更正確的判斷。

尤其是彙總整理的能力、俯瞰全局的能力、聯想的能力等，都會隨著年紀逐漸成長。

此外，前面雖然說「記憶力不會衰退」，但是，不特別從事使用腦力的活動，過著很普通的生活，記憶力和學習能力就會不斷衰退，比不上年輕人。

當你跟年輕人競爭時，會用年輕人擅長的「記憶力」決勝負，還是會用年輕人不擅長的「彙總整理能力」決勝負呢？哪個比較有利呢？

隨著年紀成長的所謂「大人的能力」，知道的人並不多。活用這個「大人的能力」，不但能彌補隨著年紀衰退的能力，更能發揮遠勝過年輕人的工作能力。

活用這個「大人的能力」的記憶術，尤其是「故事化記憶術」，會在第二章詳細說明。

【「不用記憶的記憶術」的好處❷】

成績變好、考試及格

好希望頭腦可以更好……你是不是有這樣的煩惱？

你是不是想過：「如果頭腦可以更好，自己的人生就會不一樣。」「如果成績可以更好，就能進一流大學、一流企業。」或者，知道自己來不及了，心想：「我的孩子如果頭腦可以更好，就能考進排名更前面的學校了。」

幾乎所有人都曾經這樣想過吧？

日本是個考試的國家。從幼稚園、小學的「入學考」開始，到國中、高中、大學的入學考、之後的就業考試、國家考試。出了社會，還有考不完的資格考試、晉升考試。說考試的及格與否會左右人的一生也不為過。

在日本，認定「從一流學校畢業，進入一流公司」才是社會上的成功人士，所以，通過「考試」的「記憶力」是不可或缺的。

「在學校成績好的人」等於「頭腦好的人」，而且，「頭腦好的人」等於

「記憶力好的人」，這是在日本的普遍認知。幾乎所有人都認為，頭腦的好壞和記憶力是與生俱來的，或是認為自己「天生頭腦就不好」，無可救藥了，被這種既定的觀念束縛。其實，這是完全錯誤的想法。

事前準備占記憶的九成

很多認為「自己的記憶力不好」、「自己的頭腦不好」的人，姑且不論記憶力好不好，很可能都是事前準備的方法不對。

記憶要靠四個步驟逐次扎根。

亦即「理解」、「整理」、「記憶」、「反覆」四個步驟。

越是「記憶力不好的人」、「成績不好的人」，越是會輕忽「記憶」前的「理解」與「整理」的過程。但是，「理解」與「整理」這兩項事前準備，其實比「記憶」更重要。

人腦要靠「理解」，才不容易遺忘。理解到足以向他人解說的程度，便能長期保存在記憶裡。

此外，經過「整理」，與其他事物產生聯想，就更容易留在記憶裡。也就是說，把類似的資訊、知識分類整理。記憶喜歡「聯想」，所以，彙整成「圖」或「表」，便能大大促進記憶。

在學校成績好的學生，看起來「記憶力」很好，其實，他們「理解力」、「彙總整理」的能力比記憶力更好。考試成績在「記憶」之前的階段，就已決定輸贏了。

因此，即便「記憶力」差，也可以靠「理解力」、「彙總整理」的能力充分彌補。

把時間花在「記憶」上，還不如花時間做好「理解」與「整理」的事前準備。這麼做，即便記憶力差的人，也可以毫不勉強地記憶。

基本戰略一

不仰賴記憶力——記憶力代償理論

「我天生頭腦就不好，所以成績不好也是沒辦法的事。」

不要再給自己找這種無聊的藉口了。這樣的認定，犯了雙重的錯誤。

首先，記憶力不是天生的，不論從二十歲或四十歲都可以成長。

其次，學校的成績，亦即考試所需的能力，不是光靠「記憶力」。仔細調查被視為「頭腦好」的學生，幾乎毫無例外都有高度的集中力、彙整重點能力很強、頭腦轉得特別快等特點。這些都是與「記憶力」亦即「長期記憶」，沒有直接關係的能力。

也就是說，提高「注意、集中力」與「彙總、整理的能力」，加快頭腦的反應，便能充分彌補「記憶力」的缺失。

不必提升「記憶力」，便能在最後留住記憶，提高考試或測驗的成績。在本書中，把這個辦法稱為「記憶力外記憶術」。

使用「記憶力外記憶術」，便能不靠原來的記憶力，如作夢般提升考試的成績。不過，與其這麼說，不如說是頭腦越好的學生，越不會靠記憶力，而是在事前認真實踐因應考試的「事前準備記憶術」。關於「記憶力外記憶術」、「事前準備記憶術」，會在第三章詳述。

改掉錯誤的記憶術——腦力突飛猛進理論

不論考生或社會人士，凡是成效不佳的人，都是採行了錯誤的記憶術和讀書方法。

譬如，最錯誤的讀書方法就是「熬夜」，或是減少睡眠時間讀書。想讓記憶扎根，需要六小時以上的睡眠。因此，考前即便熬夜讀書，在考試結束的那一剎那，讀過的內容也會忘光光，無法扎根。這麼做，即便每次考試都拚命讀書，也不能累積成自己的知識。

再者，減少睡眠時間，隔天的集中力、工作效率也會降低；所以，在這種狀態下參加考試，連幾天前背過的東西都會想不起來。

根據許多睡眠研究顯示，與其只睡四小時，減少睡眠時間來讀書，還不如有充分的睡眠，更能提升集中力、增進記憶力。

「熬夜讀書」、「減少睡眠時間讀書」會降低大腦的活動力，只要改掉這些錯誤的讀書方法，便能在幾天之內增進記憶效率以及大腦的效能，亦即所謂的「腦力」。

只要重新評估平時的讀書習慣，以及考前的時間使用方法，實踐活用腦科學的記憶術，現在你就能不靠記憶力，飛躍性地增進大腦的效能。

關於這個「最佳效能記憶術」，會在第三章詳述。

【「不用記憶的記憶術」的好處❸】

飛快加速自我成長

再用功讀書也絲毫沒有成長……你是不是有這樣的煩惱？

「看了書也會馬上忘記，不能應用在工作上。」「聽演講、參加研討會也沒辦法實際應用。」「參加昂貴的講座也沒有任何改變。」有沒有人有這樣的煩惱呢？

應該有很多人看了很多書，也常去聽演講、參加研討會向人學習，卻絲毫沒有自我成長的真實感。

倘若不管看書或參加研討會，都是過幾個月就把內容忘光光，或許你會認為是自己的記憶力不好，所以都學不會，無法有所成長。

其實，這並不能怪你的記憶力。人天生的結構就是會忘記百分之九十九的輸入資訊，所以不採取任何行動，就會不斷地遺忘，你的大腦可以說完全正常。

大腦會忘記百分之九十九的輸入資訊

「為什麼我會像用漏勺舀水那樣，把所有事都忘光光呢？」應該很多人有這樣的煩惱。其實，不只是你，大家都一樣。

譬如，誰記得一年前的今天，吃了什麼午餐呢？不可能有人記得。除非那天正好是你的生日，有誰替你慶生之類的特別小插曲，否則一般都會忘記。

根據心理學家艾賓浩斯的實驗，沒什麼關聯性的事情，百分之七十九會在一個月內就被遺忘。

大腦只會記得「重要的事」，也就是說，會忘記所有「不重要的事」。我們平日接觸到的龐大資訊當中，「重要的事」大概不到百分之一。大致來說，人腦會忘記百分之九十九以上的輸入資訊，不這樣的話，大腦會爆破。

也就是說，反之，想記住的話，只要告訴大腦：「輸入的資訊很重要。」讓大腦判斷為「重要」的基準只有兩個，就是「有沒有被多次使用？」以及「有沒有牽動情感？」

記憶的「暫時保管區」被稱為「大腦的海馬」，資訊會被保存在這裡大約兩個禮拜（最多四個禮拜）。這段期間，如果經常存取某個資訊，海馬就會判斷「這是重要的資訊」、「這是不可以忘記的資訊」，把這個資訊轉移到長期記憶的保管庫——顳葉（Temporal lobe）。

另外，伴隨著喜怒哀樂的激動情緒變化的事情，人都不容易忘記；因為牽動感情時，就會分泌增強記憶力的腦內物質。控制感情以保留記憶的要訣，會在第四章介紹。

讓大腦知道這個資訊「很重要」的具體方法，不是纏上頭巾、死背活背，而是可以更簡單、更輕鬆地記憶。

基本戰略一

不用記憶，只需要輸出——輸出最強理論

在大多數人的認知中，所謂記憶，就是「記住」，亦即「輸入（Input）」。也就是把資訊和知識「塞進」頭腦裡，必須耗費極大的勞力與精神上的能量。

其實，不必刻意去「背」或「記」，只要做「輸出（Output）」，資訊自然會留在記憶裡。

所謂「輸出」，就是與人交談或寫成文章。

為什麼做「輸出」就能留在記憶裡呢？所謂「輸出」就是去「使用」被輸入的資訊，海馬會把被使用過很多次的資訊判斷為「重要」，留在長期記憶裡，所以做「輸出」就不會忘記。

具體來說，輸入資訊後，在一個禮拜內做三次的「輸出」，就非常容易留在記憶裡。

不必靠「輸入（記住）」，光靠「輸出」就能留在記憶裡，因此，**「輸出」是最強的記憶術**。

「輸入」很辛苦，但「輸出」很愉快。不硬記、不費力、快快樂樂地記憶，就是「不用記憶的記憶術」。

基本戰略二

不斷重複「輸入」與「輸出」——成長的螺旋梯理論

我使用網路、社交媒體（Social media），開辦了學習出版、學習品牌化的讀書會「網頁心理班」，從開班到現在六年多了，參加的人數多達六百人以上。

我直接與這六百名學生交談，提供意見。在交談中，我針對「會成功的人」與「很難成功的人」之間的差異，收集了龐大的數據。

「讀過很多書，卻學不到什麼」、「聽過很多演講、參加過很多研討會，卻感覺不到自我成長」之類的「很難成功的人」，幾乎都具備同樣的特徵。

那就是「輸入」與「輸出」不平衡。總而言之，就是經常做「輸入」，卻很少做「輸出」。

即便讀過一百本書，光讀也不能自我成長。「不使用的資訊會全部忘記」，這是記憶的大原則。讀了書，卻沒有做關於那本書的「輸出」，就會忘記百分之九十九，對成長毫無幫助。

那麼，要自我成長，該怎麼做呢？首先，要做輸入，取得資訊、讀書、聽人說話、聽演講、參加研討會，都是做輸入。

做輸入後，一定要做輸出。所謂輸出，就是說、寫、教、行動，也就是實踐：做輸出後就再做輸入，做輸入後就再做輸出……

這樣不斷重複輸入、輸出，就能像爬上螺旋梯般，爬上自我成長的階梯。

所謂輸出，就是行動。小小的輸出，會一點一點改變你的行動、習慣，這些小變化會累積成大變化，最後帶來大成長。

不斷重複輸入、輸出，就會以飛快的速度成長。我從指導六百人得到的終極成功法則，就是「成長的螺旋梯理論」。

充分將資訊輸出，非但能留在記憶裡，也能加速自我成長。關於做法，會在第二章及第五章詳述。

基本戰略三

「記憶」不如「記錄」——百分之百阻止遺忘理論

人會遺忘被輸入的資訊的百分之九十九。

做輸出可以比較容易把資訊留在長期記憶裡，卻也不是全部留在記憶裡。但是，有辦法可以百分之百防止這樣的遺忘！

有很多以記憶為題材的電影，其中最有趣、最傑出的是克里斯多福導演的《記憶拼圖》。

主角萊納的妻子被什麼人殺害了，萊納射殺了其中一個犯人，但被犯人的同夥摔出去，造成外傷，因此患了只能維持大約十分鐘記憶的「前向性失憶症（無法記住今後的新事物的狀態）」。

萊納為了替妻子復仇，開始搜尋犯人。但是，他的記憶只能維持十分鐘，所以，幾乎等於失去記憶的他做了什麼事呢？

就是「記錄」。

不管是什麼，萊納都做筆記，用拍立得相機拍照、寫字條，比較重要的真相就刻在自己身上當成刺青……

這樣能找到犯人嗎？

失去記憶力的主角，最強的武器就是「做筆記」，也就是寫。

寫換句話說，就是「記錄」；事後再重看記錄的內容，就能想起來。

記錄是對付遺忘的最強抑制力。

記錄的方法有筆記、字條、簽條、SNS等各種方法與媒體，我也會把我正在使用的、種種有效的「記錄」活用術告訴大家。

基本戰略四

活用社交媒體——感謝持續理論

輸入後，在一個禮拜內做三次以上的輸出，就能輕而易舉地留在記憶裡。

然而，要把從書本和電影得到的靈感、感想、每天的體驗整理在筆記本上，是很麻煩的一件事，沒有持續的動力；要持續做好幾年，幾乎不可能。

那麼，該怎麼做呢？可以活用社交媒體。

把讀完書的感想、看完電影的感想、每天的新發現，寫在臉書或部落格上，就會有人在臉書或部落格按「讚」或留言，讓人心花怒放。如果是「謝謝你介紹好書」之類的感謝留言，便能大大提升動力。

獨自一個人默默地做輸出，也沒有持續下去的動力。但是，**充分運用社交媒體，就能開心地、被感謝地做輸出。**

開心地、被感謝地做輸出，就能毫不痛苦地「持續」下去。關於這個「社交媒體記憶術」，會在第五章詳細說明。

基本戰略五

釋出腦的工作空間，以提升工作效率——釋出腦記憶體理論

大腦內有大腦的操作空間，亦即「工作記憶體」（Working Memory），在本書中亦稱為「腦記憶體」。這個「腦記憶體」擔任非常重要的角色，會思

考、判斷、記憶、學習，但是，不花點心思就會滿溢（Over flow），降低工作或學習的效率。

反之，能充分發揮腦記憶體的功能，工作或讀書也能比現在更順利。

釋出「腦記憶體」，提升工作效率，以加速自我成長的「釋出腦記憶體工作術」，會在第六章詳述。

第二章

大可不必硬塞
——輸出記憶術

用來做輸出的「書寫的記憶術」和「故事化記憶術」

關於記憶，「輸出」比「輸入」更重要

很多人認為，「記住」、「背」、「記憶」等，將事物輸入頭腦裡，讓頭腦記憶的行為，就是「輸入」。

然而，事實上，拚命做輸入也不能提升記憶的效率；要記憶，反而應該努力做到輸出。

我要介紹美國普渡大學的卡匹克博士（Karpicke）的研究。他召集大學生，讓他們背四十個斯瓦希里語（Swahili language）的單字，背完後再做確認的考試。分成「考所有四十個單字」組，與「只考錯誤的單字」組，在確認考試中讓他們不斷重複背與測試，直到滿分為止。然後，一個禮拜後再考試，看他們記得多少。

結果，「考所有四十個單字」（全部輸出）組得到的分數，比「只考錯誤

的單字」（部分輸出）組多兩倍以上。該研究也調查了學習方法的不同所產生的效果，發現「四十個全部學習」組，與「只學錯誤的單字」組之間，並沒有差異。可見，輸入的方法、學習的方法不同，對結果並沒有影響。

也就是說，這個研究明確顯示「在記憶上，輸出比輸入更重要」。

某個知識被寫過很多次，或是在考試或測驗中被實際活用，便會被大腦視為「重要知識」，受到重視。被視為「重要知識」的知識，會被從海馬移到顳葉，扎根成為「長期記憶」。而「不重要」的東西，會不斷被遺忘。

想要記憶，只要一再地做輸出，使用那個資訊，讓大腦知道「這個資訊很重要！」就行了。最終，輸出的東西就會牢牢地留在記憶裡，這就是「記憶的大原則」。

本章會以「書寫的記憶術」與「故事化記憶術」兩大主軸，來說明靠輸出留在記憶裡的記憶術。

【書寫的記憶術❶】

努力「記住」，不如努力「解答」——題庫記憶術

解答題庫的題目也與「記憶」相關

從背斯瓦希里語的實驗，可以知道努力「背」，不如努力「解答題目」，更容易留在記憶裡。以讀書來說，**就是把重點或參考書讀好幾遍，還不如解答「題庫」的題目。**

也就是說，不光是背，還要實際使用、活用知識。光是不斷重複唸出來的「複誦」，對記憶也有效。但是，在題目中「實際活用」，更能讓腦判定為重要知識。

有很多人認為，解答題庫的題目只是為了「確認有沒有記起來」，但這其實是對「背」大有幫助。

所以，或許有人認為要先理解、背起來，等培養出實力再解答題庫的題目，其實不然，最好是邊不斷解答題庫的題目，邊理解並記憶。

把題庫變成遊戲的方法——對戰成績記憶術

我解答題庫的題目時，一定會把每個題目打上「對戰成績」，譬如「○○××」。看到成績就會知道第一次、第二次答錯，但第三次、第四次答對了。做記錄便能了解對各道題目的熟練度，又像玩遊戲，很有趣。

最後的對戰成績獲得四連勝時，就代表差不多記住了。

譬如設定「今天的目標是努力背到這一頁全部打上○」之類的目標，就會有動力。

「開心」會刺激喜怒哀樂的情緒。如前所述，喜怒哀樂是心的動作，會讓腦內分泌增強記憶的物質；也就是說，覺得「開心」也會比較容易留在記憶裡。

可以像這樣，**靠「遊戲化」加強記憶效果**。

【書寫的記憶術❷】

總之，「寫」是基本——不停地寫記憶術

「寫」就是記憶

搭電車時，會看到有高中生用重點筆把課本畫得滿江紅，再貼上綠色重點標籤，拚命背重點。用綠色重點標籤蓋住畫紅線的部分，就看不到那裡的字，於是課本就變成了題庫。

在電車裡複習時，是不得不在頭腦裡對答案，但在家裡讀書時，一定要邊寫邊複習，否則會減弱效果。

「寫」是使用運動神經，帶動手和指頭的肌肉。於是，只存在於大腦內的資料，便對「行動」產生了影響。大腦會判斷「不會影響行動的資料」與「會影響行動的資料」哪個重要呢？當然是判定「會影響行動」的資料比較重要。

做「輸出」，就等於是「對行動產生了影響」。雖然做輸出就能留在記憶

裡，但同時做「寫」這個運動的輸出，會比「在頭腦裡複誦」更有效果。

「想記住什麼東西」就把那個東西寫下來、寫下來，不停地寫。「寫」這件事，幾乎可以說就是「記憶」。

【書寫的記憶術❸】

在忘記前做筆記——不停地做筆記記憶術

只是做筆記就很難忘記的三個理由

「最近，越來越健忘，會不會是得了失智症？」這樣的問題，是在精神科常有的諮商之一。即便做過所有失智症的檢查項目，若是輕度的失智症，有時也會猶豫該不該診斷為失智症。

這時候，會對患者說：「請什麼都做筆記，以免遺忘。」一個月後再詢問狀況，若患者回答：「做筆記後就不太會忘記了。」表示罹患失智症的可能性不高。

做筆記就不太會忘記，連記憶力減退的高齡者，都可以防止「遺忘」。所以，一般人只要靈活運用做筆記的效果，就能獲得更大的記憶效果。

譬如，我在前一本著作《過目不忘的讀書術》中，也提到看書時要邊看邊在空白的地方不斷做筆記。實際做做看就會知道，真的很難忘記書中的內容。

為什麼做筆記就很難忘記呢？可以列舉以下三個理由。

①做筆記相當於做一次複習。

②做筆記也等於是做輸出，會刺激運動神經，加強記憶。

③做筆記是建立「記憶的索引」。

為何做筆記就很難忘記？

因為「做筆記」本身就是做輸出，相當於做一次複習。寫在手冊或行事曆上，事後可以再回顧；每次翻開手冊或行事曆，都可以順便回顧之前的記載，這也相當於做一次複習。

藉由做筆記，可以多次存取「光聽很可能遺忘」的資訊。

有所謂「一個禮拜複習三次就不會忘記」的記憶法則，但光是做筆記就等於做了一次的複習。

光靠做筆記，便能留在記憶裡。最好養成習慣，把「如果忘記的話會產生困擾」的事，統統筆記下來。

紙張還是數位？做筆記該記在哪裡比較有效率？

該選紙張或數位？常常有做筆記該記在哪裡比較有效率的相關爭論。我個人認為，只要能「立即記在隨身攜帶的東西上」，不管紙張或數位都可以。如果是隨身攜帶智慧型手機，那麼，記在手機裡也行。

基本上，我工作時都坐在筆電前，所以會使用筆電的「便條」應用程式。使用「便條」應用程式，就會有像「便條紙」的筆記空間，經常掛在電腦桌面上，可以自由寫入、刪除、撕去。

想做什麼筆記時，只要顯示桌面就行了。一秒鐘便能叫出「便條」應用程式，非常方便。

在電腦桌面上貼好幾張便條，會分散注意力，所以，只要在電腦的右上方貼一張便條，把所有事都寫在那張便條上。

一打開桌面，寫在「便條」上的筆記就會映入眼簾，產生「複習」的效果，自然而然地刻印在記憶裡。

有時間時再整理「便條」，刪去結束的案件。想長期保存的東西，就依內容分類，複製貼到其他檔案裡，或抄寫在筆記本裡。

這個「回顧」、「整理」筆記的過程非常重要。擱置一段時間，很可能讓「瞬間的微不足道的靈感」變成「無可取代的成熟方案」。

有時候，我也會寫在紙張的便條紙上，但是寫在紙張上時，只限「今日內務必處理的案件」。我會把紙張貼在桌前，盡量在當天處理完畢，撕掉扔進垃圾桶。

紙張的便條紙越積越多，貼好幾張在桌前，可能會分散注意力，導致工作效率下降。所以，「要跨過好幾天的案件」、「幾天後必須做確認的方案」等，我都寫在數位便條上。

【書寫的記憶術❹】

「記憶的本體」不會消失——建立索引記憶術

「記憶的索引」與「記憶的本體」

在此，要探討做筆記就很難忘記的第三個理由「記憶的索引」的效果。

老實說，我經常忘記患者的名字。但是，患者一進來，我不用打開病歷，就能想起患者的病名、最近的病情，甚至現在是開多少克的什麼藥的處方。不記得患者的名字，卻能想起開多少克藥的處方，大家一定覺得不可思議，但這就是「記憶的法則」。

記憶裡有「記憶的索引」與「記憶的本體」。以患者為例，「患者的名字」是「記憶的索引」，而「記憶的本體」就是「患者的病歷及處方」。

「記憶的本體」不會輕易消失，「記憶的索引」卻會隨著年紀增長，很容易就消失了。

譬如，叫不出人的名字就是這樣。想不起上禮拜才見過的A先生的名字，卻記得他的長相、職業，還有說過什麼話，就是想不起名字……

記憶有很多類別，其中包括「意義記憶」與「插曲記憶」。「意義記憶」是資訊、知識的相關記憶；「插曲記憶」是事件、經驗、體驗、回憶的相關記憶。其特徵是，「意義記憶」不好記容易忘，「插曲記憶」好記不容易忘。

患者的名字是容易忘的「意義記憶」，而患者說過哪些話則是不容易忘的「插曲記憶」。這麼解釋便能了解，為什麼忘記患者的名字，卻能記得患者有哪些症狀、吃什麼藥。

索引完整，就很容易想起來

「記憶的索引」相當於「意義記憶」，而「記憶的本體」則相當於「插曲記憶」。「意義記憶」容易忘，「插曲記憶」不容易忘。那麼，該怎麼做才不容易遺忘呢？

「記憶的本體」不必硬記，也能留在記憶裡，所以應該強化的是「記憶的索引」。建立「記憶的索引」以便立即想起，就能輕易想起與「記憶的索引」綁在一起的「記憶的本體」。

建立「記憶的索引」的方法，就是本章一再重述的「寫」，亦即輸出。

譬如，寫一行「五月九日晚上七點與A先生吃飯」，便能將A先生的名字更清楚地留在記憶裡。或者，把跟A先生見面時的兩人合照上傳到臉書上，這樣便能牢牢記住A先生的臉和名字，很難忘記。

其實，「做筆記」有兩個意義，一是加強「記憶的索引」的印象，一是記住「記憶的索引」。只要記下幾個與「記憶的本體」相關的提示、關鍵字，便能從這個筆記想起「記憶的本體」的細節。

譬如，只要寫「五月十八日十五時與B先生洽談」，就能立即想起跟B先生洽談了什麼樣的內容。

像這樣，把可能成為「記憶的索引」的關鍵字，寫在記事本、手冊、筆記本、便條紙、書的空白處等種種地方，便能加強「記憶的索引」的印象，拖出「記憶的本體」，亦即塑造容易喚起記憶的狀態。

「建立索引記憶術」幾乎與「不停做筆記記憶術」相同，只要有「建立記憶的索引」的意識，時時想著「做筆記以建立『記憶的索引』」、「這件事忘記會有麻煩，所以要當成『記憶的索引』留下來」，便能更強烈地留在記憶裡。

請活用這個記憶術，當成積極預防「健忘」、「不小心犯錯」的方法。

「失智症」與「正常老化」的簡單分辨方法

我說過，記憶有「記憶的索引」與「記憶的本體」。知道這一點，即便不是精神科醫師，也能區別「失智症」與「相應年紀的健忘」。

譬如，突然被問到：「昨天中午吃了什麼？」可能會「呃……」半天，想不出來。這時候，如果有人提示：「是在附近的套餐店吃的吧？」就會想起來：「對喔，吃了薑汁燒肉套餐。」即便這樣還是想不起來，只要有人說：「是吃了薑汁燒肉套餐吧？」應該就會想起來：「對、對，是吃了薑汁燒肉套餐。」

這時候，如果明明吃了薑汁燒肉套餐，卻說：「不，我不記得吃過。」就要強烈懷疑是不是得了失智症，因為那是失去了「記憶的本體」。

「昨天的午餐」等於「薑汁燒肉套餐」的記憶組合，就是「記憶的索引」與「記憶的本體」。若是正常的老化，亦即相應年紀的老化，即便「記憶的索引」與「記憶的本體」的連動會出現障礙，「記憶的本體」本身也不會出現障礙。所以被提示時會想起來：「啊！對，沒錯。」

但是，若是罹患失智症，「記憶的本體」亦即插曲，就會整個消失。

我們把「不能拖出記憶」稱為「忘記」，但那只是把「記憶的本體」從「記憶的索引」拖出來的功能出現了障礙，並不是「記憶的本體」消失不見了。

「記憶的本體」接二連三消失的狀態，就是失智症（不正常的記憶障礙）。

所以，發現家人有這樣的症狀，最好找精神科醫師諮商。

【書寫的記憶術❺】

活用筆記本，記住內容和感動——潦草書寫記憶術

好幾年前看的電影也記得的理由

我可以清楚記得好幾年前看的電影的內容。為什麼我可以記得電影的內容、臺詞好幾年呢？因為看完電影，我就會寫下感想和影評，發表在臉書或電子報上。

不過，老實說，在那之前，我會先做更重要的輸出，就是先潦草地寫在筆記本上。

看完電影後，馬上把來自電影的感想、發現、感動、刻骨銘心的臺詞、產生共鳴的主題等，所有浮現腦海的東西都潦草地寫在筆記本上。我把這個做法稱為「潦草書寫記憶術」。

這時最重要的是，趁記憶猶新把想得到的東西統統寫成文字，以速度為優先，字寫得好不好看是其次。

並不是看完每部電影都會潦草地寫下來，有「這部電影太棒了！」、「我想寫影評，與更多人分享這部電影的精采！」的感覺，才會馬上潦草地寫下來。有時，出了電影院，我就坐在大廳的椅子上，開始潦草地書寫。或者，有時也會在回家的電車裡潦草地書寫。

有趣的是，針對兩個小時的電影潦草書寫時，再怎麼努力寫，每次也只能寫滿兩張Ａ４紙。我是使用Ａ４筆記本，所以剛好填滿兩頁。或許，這就是大腦從兩個小時的電影可以得到的資訊量的極限。

輸出最好是在「事後、馬上」──體驗完整記憶術

從德國心理學家艾賓浩斯進行的記憶實驗可以清楚知道，記下事情的二十分鐘後會忘記百分之四十二，一小時後會忘記百分之五十六，一天後會忘記百分之七十四。

記憶會以飛快的速度隨著時間遺忘，預防的方法就是「複習」。

根據艾賓浩斯的實驗結果顯示，在剛看完電影時，能記得的關於電影的資訊量最多。所以，在看完電影後，馬上以可能的最快速度做備註或做筆記（做

複習），是非常重要的。

看完電影馬上做記錄，就可以把體驗完整地記憶下來，不會有「遺忘」帶來的疏漏。

有時，看完電影後有其他的約會，沒辦法在看完電影後馬上潦草地寫下來，會隔一個晚上才潦草地寫下來。這時候，吐出來的資訊只剩一半不到，「臺詞」也很難正確地想出來，除非是非常「經典的臺詞」或是「很短的臺詞」。

潦草地寫下來，可以把內心當下才有的鮮明的感動置換成文字。確實執行這樣的做法，即便過了半年、一年，光回顧當時的潦草書寫，便能在三十秒內喚醒對那部電影的感動，並瞬間「想起」故事內容等細節。

來自「文字」之外的「感動」與其內容及發現，不寫下來，大部分就會忘記。把「潦草書寫」的東西，不斷地累積起來，以後臨時接到委託案，不必重看電影，光是回顧「潦草書寫」的東西，也能流暢地寫出一篇影評或解說文。

也就是說，「潦草書寫」這樣的輸出，本身會成為智慧「財產」。「潦草書寫」的東西，是自己的記憶的一部分，也是無可取代的智慧財產的積蓄。

像這樣，在體驗後馬上做輸出，十部、五十部、一百部地持續下去，觀察電影的眼光、解讀電影細節的能力，就會有飛躍性的成長。此外，因為是在看完電影後，馬上拚死拚活地「想出來」，所以也會成為記憶力的訓練。

當然，這不限於電影，在戲劇、演唱會、歌劇、演講、活動、旅行中，有「好感動！」的感覺，就要馬上靠「潦草書寫」，把你的心象風景如拍照般寫成文字資訊。

【書寫的記憶術❻】

增加刺激便能留在記憶裡——寫的＋α記憶術

「寫」再加上「出聲朗誦」更能留在記憶裡

經常聽說，背的時候要「活用五種感官」。

古希臘哲學家亞里斯多德，是第一個使用「五種感官」這種分類的人。在西元前四世紀，他已經指出五種感官與記憶有很深的關係。

參考書光是默誦，很難記得住；發出聲音讀出來、動手寫好幾次，比較容易存在記憶裡。

不只是「寫」，再加上出聲「朗誦」的「＋α（額外增加）」，更能強化記憶。

為什麼「朗誦記憶」比較好呢？因為讀出來的聲音，亦即自己的聲音，會傳入耳朵裡，所以除了視覺外，還會促進來自聽覺的記憶。

以腦力訓練聞名的東北大學的川島隆太教授，極力主張「朗讀」對腦力訓練的效果。顯然光出聲朗讀，便能活絡包括左右腦半球的前額葉區在內的許多部位。

發出聲音要活動下顎、舌頭、嘴唇等的肌肉，因此，來自運動神經的刺激就會傳到肌肉。而「寫」的時候，來自運動神經的刺激是傳到指頭及手的肌肉。活用大腦的多數部位，大腦會更加活化，更容易把資訊留在記憶裡。

光是讓事物浮現在頭腦裡，無法活化大腦的「運動區」。「寫」、「說」等活動肌肉的行為，才能更廣泛地刺激大腦。

【書寫的記憶術❼】

在客滿電車內也能簡單做到——影子朗讀記憶術

不論何時何地都能有效率地記住

不只「寫」，還出聲朗讀，更容易留在記憶裡。

可能有人會說：「當然是那樣啊」、「這種事誰都會做吧？」既然出聲朗讀是理所當然的事，那麼，在滿載的電車裡，你也會發出聲音來嗎？

恐怕不會吧？但是，我會。

當然，在客滿的電車裡大聲唸參考書，會吵到周圍的人。所以，我做的是「影子朗讀」（Shadowing）。

有所謂「影子拳擊」的練習法，就是想像真的有個對手，對著假想敵擊出拳頭、或閃避假想敵的拳頭。

「影子朗讀」是實際上沒有發出聲音，但假裝發出聲音，動著嘴巴背。或者，用旁人幾乎聽不見的超微小聲音，邊讀邊背。即使沒有實際發出聲音，肌肉的活動也跟實際發出聲音一樣，所以掌管大腦運動的「運動區」也會受到刺激。儘管「聽覺區」沒有受到刺激，還是能產生接近朗讀的效果。

我每個月都會辦幾場演講、研討會，在前往會場的電車裡，我一定會做一件事，那就是檢查當天要使用的所有幻燈片。這時候，我會邊檢查幻燈片，邊靠「影子朗讀」把演講要說的內容說出來，一個人做「影子排練」。

大約要搭三十分鐘以上的電車，所以，可以把當天要演講的內容從頭到尾複習一遍。即便是兩小時、三小時的演講，也可以靠「影子朗讀」，把要說什麼的內容從頭到尾全部輸入到頭腦裡，所以，正式演講時，話語會如流水般從嘴巴湧出來。

如前面舉過的例子，在電車裡會看到有學生用綠色重點標籤，邊蓋住被筆畫得滿江紅的課本邊背重點，應該就是在頭腦裡想出看不見的部分做複習。原本，不只「在頭腦裡想出來」，還要用筆邊寫邊複習會比較好。但是，在電車裡很難做得到吧？這時候就要靠「影子書寫」。

不必真的拿著筆寫，只要把手指當成筆寫出答案就行了。與實際寫字時一樣，會刺激「運動區」，所以效果很接近「書寫」。

只在「頭腦裡想出來」，複習效果薄弱。盡可能朗讀，不能的話，就把「影子朗誦」與「影子書寫」併用，做到活動身體的輸出，以提高複習效率和記憶效率。

靠大人擅長的「故事化記憶」，做不用記憶的記憶

向《孫子》學習的記憶術

中國的兵法書《孫子》裡，有一句話說：「知己知彼，百戰百勝。」意思是了解敵人、了解自己，即使大戰一百回合也不會輸。說得再仔細一點，就是「了解敵人的戰力、兵力，在人數上、兵力上凌駕敵人，且在比敵人有利的場所作戰，便能百戰百勝」。書中並寫道：「若能在戰前徹底偵查對方，製造壓倒性的有利局勢，則戰前勝負已決。反之，若局勢較對方不利，則勿戰。」

那麼，把這本《孫子兵法》用在「記憶術」上會怎麼樣呢？

「記憶力」會隨著年紀衰退，尤其是死記硬背的「背的能力」。所以，靠「背的能力」與年輕人較勁，就像靠少於對方的兵力與脆弱的軍備衝入敵陣；也就是說，這是完全違背《孫子兵法》的作戰方式。

四十、五十歲的中高年者，以單純的「背」，與「背的能力」和「記憶力」

都異常清晰的年輕人競爭，哪邊會贏顯而易見。

中高年者比年輕人「有利」的能力是什麼？就是「故事化」的能力。

亦即，活用經年累月的壓倒性的豐富知識與經驗，靠聯想來記憶。靠活用「插曲記憶」的「故事化記憶」，與記憶力正旺盛、擅長「背」的年輕人大戰一百回合，也不會輸。

「意義記憶」容易忘，「插曲記憶」不容易忘

前面說過，「記憶」有兩種，就是「意義記憶」與「插曲記憶」。

所謂「意義記憶」，是資訊和知識，也就是需要「硬背」的記憶，譬如背英文單字或背九九乘法。

小孩子最擅長「意義記憶」，小時候，即便是毫無關聯性的事情，也能如海綿吸水般，以飛快的速度記起來，背九九乘法就是最好的例子。幼年時期的語言學習能力卓越，也是相同的道理。

小孩子的腦，在「意義記憶」方面十分優秀，「意義記憶」在小學時達到顛峰；長大成人，大腦完成系統化後，硬背的能力就會衰退。

另一方面，也有不會隨著年紀增長而衰退、甚至用對方法還會成長的「插曲記憶」。所謂「插曲記憶」，是與事件、經驗、體驗、回憶相關的記憶；自己經驗過、體驗過的事的記憶，就是「插曲記憶」。

硬背的能力或長時間的集中力等部分，確實都會隨著年紀衰退。相反地，綜觀事物的能力、俯瞰能力、歸納能力、聯想能力、比較能力、看透差異性與共通性的統合能力，會不斷提升。

以記憶力來說，就是在聯想中記憶的「插曲記憶」的能力會逐漸進化。

原本必須「硬背」的毫不相關的事情，透過與自己的知識、體驗、經驗的聯想，也可以故事化，這樣一來，便能輕易地留在記憶裡。

「意義記憶」不好記容易忘，「插曲記憶」好記不容易忘。

小孩子擅長「意義記憶」，大人擅長「插曲記憶」。

這就是記憶的原則。

試問，你要使用「意義記憶」還是「插曲記憶」當武器呢？

答案應該已經出來了。

那麼，具體該怎麼做才能活用「插曲記憶」呢？

接下來，我要說的是，靠故事化與聯想來提升記憶力的「故事化記憶術」。

【故事化記憶術❶】

說得出理由就能留在記憶裡——說明理由記憶術

把「意義記憶」轉換成「插曲記憶」

「意義記憶」與「插曲記憶」的最大差異是什麼？

所謂「意義記憶」，是指不相關的事件、現象的記憶；所謂「插曲記憶」，是指「發生的事、現象」與「人、場所、時間」相關的事物的記憶。也就是說，能提升聯想的「關聯性」，就能把「意義記憶」轉換成「插曲記憶」。

在本書中，把這種轉換稱為「故事化」。

那麼，如何把片斷不連接的知識或文字故事化呢？

最簡單的故事化，就是「說明理由」，「有理由」就等於「有因果關係」，也就是產生了密切的關聯性。

先岔開話題，請大家說出求三角形面積的公式。

就是「底×高÷2」。

在小學的算術就學過，所以大家應該都知道。

「底×高÷2」只是語言的羅列，想背起來，就要像唸咒文般不斷重複地背，直到刻印在腦海裡為止。因為是沒有意義的文字列、現象的片斷記憶，所以要歸類為「意義記憶」，亦即「不好記、容易忘」。

試問，為什麼要用「底×高÷2」這個公式來求三角形的面積呢？你能說明嗎？

首先，在紙上畫個三角形，然後以這個三角形的一邊為底，畫入以頂點為高度的長方形，再從三角形的頂點畫一條垂直線到底。這樣一來，就會把三角形切成兩個，在長方形裡分別出現與被切開的三角形對稱的圖形。也就是說，長方形中正好收入兩個最初的三角形。表示三角形等於長方形的一半面積，所以是用「底×高÷2」來求面積。

如果，對於求三角形面積的公式，你可以說出這麼振振有辭的理由，表示你了解這個公式的意義，也就是了解「底×高÷2」的背後所隱藏的故事。

像這樣，達到可以向他人說明「理由」或「原因」的境界，記憶就不再只是不相關的語言羅列、現象片斷，而是被歸納為「插曲」保存在腦裡了。

為了「記憶」，需要「理解」；「理解」了，就能「說明」。譬如，以背公式為例，不必一味地背，只要做到可以好好「理解」、「說明」就行了。

不只公式，法規、手冊也一樣，想留在記憶裡，就問自己「為什麼會這樣？」再自己回答「為什麼」。

要強行記住沒有理由的東西，大腦會抗議，很難記起來。

只要理解理由、說明理由，就能故事化；不必刻意去記，也會自然留在記憶裡。

【故事化記憶術❷】

記憶的強力武器——諧音記憶術

在腦科學中，「諧音」也是正確的做法

在背「一五四三[1]年鐵砲傳來」的歷史年號時，要怎麼背呢？

我都是背「鐵砲傳來，以後預算[2]增加」。重複背誦十次「一五四三年鐵砲傳來」，也很難背起來，即使背起來了，也很快就會忘記。

「一五四三」這個數字與「鐵砲傳來」，原本是毫無關係的組合，只是鐵砲正好在「一五四三年」傳來，再早一年就是一五四二年了。因為是沒有關係的語言組合，也就是「意義記憶」，所以，即使像唸咒文般，把「一五四三年鐵砲傳來」重複唸好幾次，試圖背起來，也很難記得住。

背歷史年號時，很多人都是靠諧音。靠「鐵砲傳來，以後預算增加」的諧音，就可以簡單記住「一五四三年鐵砲傳來」的組合；因為會在大腦裡形成「鐵砲傳來以後，鐵砲的預算就增加了！」的故事。

「2.2360679」是「根號5」[3]，要死背這個文字列非常困難；但是，用「鸚鵡在富士山麓啼叫」[4]的諧音來背，任誰都可以一次就背起來，這樣就編出了「鸚鵡在富士山麓啼叫」的短故事。

想必大家都會使用諧音，在腦科學中，把這樣的做法稱為「故事化」，也就是把「意義記憶」置換成「插曲記憶」。

如前所述，「諧音」可以成為協助記憶的強力武器，所以應該積極活用。

1. 日文發音為「ichi go yon san」。
2. 日文發音為「i go yo san」。
3. 日文2的發音為「hu」或「zi」，3的發音為「san」，6的發音為「roku」或「mu」，0的發音為「ou」，7的發音為「na」，9的發音為「ku」。
4. 日文原文是「富士山麓オウム鳴く」，日文發音為「hu zi san roku ou mu na ku」。

【故事化記憶術❸】

寫短文便能故事化——5W1H記憶術

嘗試在SNS使用「5W1H」做輸出

看到要故事化，也就是編造故事，可能有很多人會想：「我又不是小說家」，覺得很困難。

其實，這沒那麼困難。故事的必要條件是「5W1H」，亦即何時（when）、何地（where）、何人（who）、做了什麼（what）？為何（why）？如何做（how）？不必用到所有的條件，只要放入其中幾個，就算是故事了。

譬如，剛才提到的「鸚鵡在富士山麓啼叫」，就是「鸚鵡（who）在富士山（where）啼叫（what）」。這麼短的文章，也包含了5W1H中的三個條件，可以算是簡單的故事了。

譬如，多短都沒關係，把今天發生的事、學到的東西，整理成文章，貼到臉書上。既然是整理成文章，應該就會用到5W1H的六大條件中的不少條件，成為充分具備故事骨架的東西。

貼到ＳＮＳ（social network service）上的文章，應該很難忘記。能這樣存在記憶裡的原因很多，其中最重要的原因是，整理成文章就把事情故事化了。

「昨天，我參加了在東陽町舉辦的威士忌活動，入場費五千日圓，可以免費試喝兩百種以上的威士忌，所以不參加是損失。話說，我試喝了八十種（笑）。不過不用擔心，我是在七個小時內慢慢喝的。我深深覺得，威士忌果然是門深奧的學問呢。」

譬如，只是這樣的短文，就包括了何時、何地、何人、在哪裡做了什麼、為什麼、怎麼做的５Ｗ１Ｈ的六大條件。

這樣就是小小的故事了，所以，寫一篇像這樣的文章，再跟照片一起發文，就能強烈地留在記憶裡。

而且，貼在ＳＮＳ上，就是不折不扣的「輸出」。輸出可以補強記憶這件事，我已經重複說過很多次了。

不論是怎麼樣的資訊、知識、體驗、經驗，只要整理成包含5W1H的短文，就可以故事化，留在記憶裡，這就是「5W1H記憶術」。

這是可以從今天做起，具通用性的驚人記憶術。

【故事化記憶術❹】

無論任何體驗，總之把感想告訴別人——總之記憶術

把感想告訴他人，就可以「故事化」

有人看完書後，很快就忘記了。我的前一本著作《過目不忘的讀書術》，就是寫給這樣的人。在這本書裡面，介紹了很多「不會忘記的訣竅」。其中最簡單、任誰都做得到、而且從今天起就能履行的「不會忘記的訣竅」，就是看完書後，總之就是把感想告訴什麼人，朋友也好，家人也行，同事或部下或任何人也都可以。

「昨天，我看了〇〇書，裡面的內容頗有參考性呢，書中說……」就像這樣，總之把感想、裡面寫的內容、自己的發現、刻骨銘心的一段等什麼都好，告訴別人。

或許有人會想：「靠這麼簡單的方法，就不會忘記嗎？」是的，這個效果非常好。為什麼「總之先說出內容」，就能存在記憶裡呢？我在《過目不忘的

讀書術》中說過，看完書後，要在一個禮拜內做三次的輸出。我並說明，其中一次的輸出就是「總之告訴他人」。其實，除此之外，還有一個重要的理由沒提到。

那就是故事化，告訴他人，是你的體驗、是現實。

「十月三日把《不用記憶的記憶術》的感想，告訴了同事A先生」這樣的現實，會成為插曲記憶，被記在腦裡。

告訴他人，不同於只在腦裡反覆思考，會成為「體驗」。光這麼做，就可以把事情故事化，更深刻、更長期地留在記憶裡。

若是看了書，總之就是把感想告訴他人，這麼做，就很難忘記書中的內容。若是在電視、報紙上看到有趣的報導，總之就是告訴他人，這樣就更難忘記那則報導。吃到好吃的東西，總之就是告訴他人，這樣就能強化「好吃」的記憶，也很難忘記那家店。

不管體驗到什麼，總之就是把感想告訴他人，這是非常簡單的輸出。

雖然非常簡單，但是，就在告訴他人的瞬間，只有「意義記憶」水準的片斷資訊，就會因為被當成語言說出來而被故事化，因此進化成「插曲記憶」，留在記憶裡的效果非常大。

【故事化記憶術⑤】

教導就能超清晰地留在記憶裡——家教記憶術

何謂一石四鳥的超級記憶術？

我經常在咖啡店裡工作。最近的咖啡店，視地點而定，有些店會飄散著學生自習室的氛圍。有很多一個人默默讀書的學生，也有人是朋友一起讀書、相互切磋。彼此相互切磋的效果非常好，可以說是最好、最強的讀書法、記憶術。

讀完課本，做題庫的題目，全都答對了，就會認為自己「都記住了！」但是，被朋友問：「為什麼是這個答案？」還是有說不清楚的時候。

不能說明理由，表示只是「死背」（意義記憶的水準）而已。這種記憶容易忘記，會逐漸遺忘。

可以對他人「用語言簡單明瞭地說明」，表示那件事在你的腦裡被充分地故事化了。亦即，證明「意義記憶」已轉化為「插曲記憶」，牢牢地扎根了。

能向對方說明，讓對方明白，就表示自己百分之百理解了，也就是說，「教人」也可以成為判定自己是否理解的試金石。若是不能對他人說明，就是不夠理解，必須回到基本從頭學起。

再者，向他人說明，會發現自己在頭腦裡逐漸做了「整理」。心理諮詢也是同樣的道理，因為是用自己的話說出來，所以可以整理混亂的頭腦，自己找出解決問題的方法。

「說出來」的輸出，對整理頭腦非常有效。

記憶有四個步驟，就是「理解」、「整理」、「記憶」、「反覆」。在「背」之前，要先「理解」、「整理」。光是「教人」，就能同時完成「理解」與「整理」；而且，向他人說明，也等於是「反覆」、「複習」自己的知識，也就是說，「教人」這件事，涵括了所有記憶的步驟。

「家教記憶術」可以做到「故事化」、「確認理解度」、「整理知識」、「反覆複習」，是一石四鳥的超級記憶術。

【故事化記憶術❻】

組成小組，彼此切磋記憶——讀書會記憶術

「醫生國家考試」錄取率全國第四名的驚人記憶術

不用說，考試就是要靠「記憶力」。醫師國家考試與司法考試，並稱日本最難的國家考試。若有一般的記憶訣竅，突破這個考試的機率極高，你想知道嗎？

我畢業的札幌醫科大學，在我就學當時，是各大學醫師國家考試錄取率排名前三名的優良學校。最近排名有些滑落，但是，從一九九六到二〇一三年的十八年間的統計錄取率來看，依然名列全國第四名。

在全國有醫學院的八十所學校中排名第四，是很驚人的錄取率。大學入學時的偏差值比札幌醫大更高的學校比比皆是，札幌大學卻能在國家考試錄取率排名中維持前幾名，理由是什麼呢？

就是「國試讀書會」。到五年級後半，四到六個好朋友、同伴，會組成國試讀書會的小組。這個小組每個禮拜會開兩到三次的讀書會，每次兩到三小時。

在讀書會中，會做國家考試的考古題。我的小組共五人，每個人會先被分派五道由自己負責解說的題目，要在其他組員面前解說這五道題的解法、想法。醫師國家考試有「病例題目」，必須具備統合「檢查資料的解讀」與「臨床所見」的能力。也就是說，光死背課本絕對考不上。除了「記憶力」之外，還要具備根據醫學知識思考的能力。

要先預習被分派到的題目，然後簡單明瞭地解說，讓他人能夠理解。「國試讀書會」就是這樣，彼此成為彼此的家教相互切磋。

這個非常合理的組成，從我入校的二十五年前就存在了，一直延續到現在，可以說是札幌醫大不為人知的傳統。

「教人」可以強化記憶，已經由實驗得到證明。

在華盛頓大學，有個趣味橫生的研究。實驗對象被分成兩組，對一組說「會考他們記住的資訊」，對另一組說「必須把記住的資訊教給別人」。但實際上，都只對兩組進行了考試，沒有讓他們去教別人。儘管如此，想著「必須教別人」的實驗對象，還是考出了比較好的成績。

以「教人」的輸出為前提讀書，就能大大提升學習效率。

參加國家考試或資格考試、檢定考試時，像這樣組成「讀書會」，一起讀書相互切磋，就能徹底留在記憶裡。

【故事化記憶術❼】

把味道、感情都轉化成語言——語言化記憶術

記住十多年前的兩百多家店的湯咖哩味道的方法

大家或許不相信，我還清楚記得十多年前吃過的湯咖哩味道，而且是兩百多家店的味道。有些店從那時候經營到現在，我都知道味道是跟當時一樣、還是不一樣，如果不一樣，是哪裡不一樣。

想必大部分的人都會認為，不可能記住十年前，而且是兩百多家店的味道。然而，「輸出記憶術」是可以讓這樣的不可能變成可能的超級記憶術。為什麼我能清楚記得十年前，而且是兩百多家店的味道呢？因為我把湯咖哩美食之旅的紀錄，都寫成詳細的評論留下來了。

從一九九八年到二〇〇六年期間，我經營了湯咖哩美食之旅的網頁，名為「札幌辛辣咖哩批評」，收錄了兩百五十三家店共四百三十一盤的「美食之旅」食記。在湯咖哩店開始慢慢增加的二〇〇〇年左右，除了口耳相傳之外，刊登

湯咖哩資訊的網站就只有我的網站了。也就是說，想上網查湯咖哩資訊的人，都只能參考我的網頁。

持續經營幾年後，這個網頁便成了湯咖哩粉絲要查最新資訊時不可或缺的網頁。一天有兩千多人次造訪，甚至造成「在我的網頁介紹的店隔天就會大排長龍」的現象。湯咖哩因此廣為人知，說是從這個網頁掀起了湯咖哩風潮也不為過。

言歸正傳，像「味道」這種很難存在記憶裡的東西，也可以靠用心「寫」一篇文章，亦即以「語言化」做輸出，牢牢地留在記憶裡。

語言化就能留在記憶裡的東西，並不只限於味道。讓患者把自己的心情、感情、內心想法等難以啟齒的事，以語言表達出來，在精神醫學的世界稱為「語言化」。

再者，把自己的想法和現在的狀況「語言化」，便可以客觀地審視自己的狀態，進而自己找出解決的方法。最後，光靠「語言化」，患者便能漸漸痊癒。

從五種感官衍生出來的情感等難以記憶的東西，都可以用語言、文字表現出來。經由這樣的「語言化」，便可以客觀地掌握這些情感，牢牢地留在記憶裡。

侍酒師為什麼可以記住並區別幾千種味道、香氣呢？

以前，我看過田崎真也先生在世界最優秀的侍酒師大賽中獲得冠軍的影片。有一杯裝在杯子裡的酒，他靠顏色、味道、香氣，便能完全猜中這杯酒的葡萄種類、地域、田地、釀酒期（年份），令我十分驚愕。這簡直就是神技，一般人絕對做不到。

味道、香氣這種虛無的感覺，要怎麼記憶呢？而且還要記幾百種，不，可以參加比賽的人，起碼要記得一千種以上的差異。這種記憶五種感官的方法，在田崎真也的著作《語言傳達技巧：侍酒師的表達能力》裡有詳細的說明。

這本書裡有很多有趣的敘述：

「為什麼侍酒師可以把五種感官的感覺置換成語言呢？靠五種感官接收的感覺，或許會停留在潛在的意識裡，但光是這樣，並不能成為可以自由自在地叫出來的記憶。要隨時想起、更清楚地喚醒，就需要語言。用五種感官的感應器，接收每一種酒的感覺，以左腦做判斷，把感覺語言化記憶起來，再做整理當成資料存起來，有助於方便檢索。」

「想把記憶變成容易整理的工具，賦予意義，做成更明確的東西，以便可以瞬間叫出來，自在地應用，語言化就是最好的方法。」

像味道和香氣這種稍縱即逝的細膩感覺，都要靠語言的表現加以故事化。這麼做，便能把五種感官的感覺都留在記憶裡。

我非常喜歡威士忌，每次喝威士忌，都會盡可能做試喝筆記。面對味道和香氣，全神貫注在一杯酒杯的世界裡，把感覺一一置換成語言。毋庸置疑，這既是終極的智慧型遊戲，也是記憶力的鍛鍊。

開始做試喝筆記以來，我的味覺、嗅覺都變得敏銳了，尤其是嗅覺，已經可以區別種種香氣。即使蓋住牌子，也可以猜中地域，準確率非常高。目前，我正在記具代表性的蒸餾所的味道和香氣，增加腦內的資料庫。

把五種感官接受到的感覺，做語言化的輸出，既是加強五種感官的鍛鍊，也是記憶力的絕佳鍛鍊。

第三章

不靠記憶力，將成果最大化

——記憶力之外的記憶術

不用提高記憶力便能提升成果的「事前準備記憶術」&「最佳效能記憶術」

不倚靠原有的記憶力——記憶力之外的記憶術

「記憶力不好，所以成績不會進步。」「記憶力不好，所以工作也會有失誤。」可能有很多人有這樣的煩惱，認為自己的記憶力不好、背的能力不好，所以讀書和工作的成果都不如預期。

其實，以你原有的記憶力，也大可以得到你期許中的成果。

不用增強記憶力，最後還是能留在記憶裡，讓成績進步、提升工作效率的方法，在本書稱為「記憶力之外的記憶術」。

這種「記憶力之外的記憶術」，只需作「事前準備」以及「把大腦的效能發揮到極致」。

記憶有九成是靠準備——事前準備記憶術

讓記憶效果達到兩、三倍的方法

可能有很多人會認為，沒經過「記憶」、「強記」、「硬背」等過程，即使有「不用記憶的記憶術」，也不可能記住課本和講義。

如果有可能，就表示可以花極少的讀書時間考到一百分。要省去所有「記憶」、「強記」、「硬背」的時間是不可能的，但有可能花一半的時間和工夫得到相同的效果，或花同樣的記憶時間得到兩倍、三倍的效果。

為什麼可以做到這樣呢？因為「記憶有九成是靠準備」。

將在這一章的前半特別敘述的「事前準備記憶術」，對必須參加資格考試、語言測驗等考試的考生也非常有用。

【事前準備記憶術❶】

「理解」比「背」更重要——禁止硬背記憶術

依照四個步驟扎實地記憶

或許有人會想：「明明是講記憶術的書，卻禁止死背，不要說這麼奇怪的話嘛。」感覺上，「禁止死背」與「記憶術」似乎相互矛盾，其實並不然。

所謂「死背」，就是從頭到尾一五一十地硬背起來。不可思議的是，越是成績不好、對記憶力沒有自信的人，越會想「死背」。

那麼「死背」的相反是什麼？就是確實了解內容，再依據內容的背景來記憶吧？對記憶力沒有自信的人，不該把力氣花在「死背」上，首先應該把力氣花在「理解」內容上。

我想沒有人可以在打開課本新的一頁時，看過就馬上記起來了吧？記憶有必要的步驟。

請容我再重複一次，遵循「理解」、「整理」、「記憶」、「反覆」這四個步驟，就可能有效率地記住。

讓我們回想學校的課程。首先，老師會讀課本、講解內容。聽完老師的講解，就能「理解」課本的內容。

邊聽老師講解，邊在筆記本抄寫黑板上的字，把重要部分做成筆記，做筆記就是把理解的內容做「整理」、做記錄。

回到家複習上課的內容並「記憶」，考試前再「反覆」地看，不斷地背。

像這樣，做到「理解」、「整理」、「記憶」、「反覆」的四個步驟，就能有效率地記憶。

這四個步驟中，最重要的是「理解」與「整理」。

沒經過理解、整理，即使勉強「硬背」下來，也會成為「意義記憶」，不好記、容易忘。花足夠的時間去理解、整理，「意義記憶」就會變成「插曲記憶」，所以好記、不容易忘。

禁止「死背」！先徹底做好「理解」與「整理」的事前準備，再前進到「背」的步驟，就能毫不勉強、輕鬆地記憶。

【事前準備記憶術❷】

先俯瞰整體──富士山記憶術

了解整體就輕鬆了

我登過富士山兩次，從山頂看到的風景美不勝收，會讓人瞬間忘記爬到山頂前的辛苦。

爬到山頂，瞭望自己剛才走過的所有道路，就會知道「到六合目[5]一帶都非常平坦，從八合目開始突然變陡了」。第一次登富士山時，我心想：「如果一開始就了解整體路線，不知道能登得多輕鬆呢。」果然，第二次登富士山時，因為整體路線哪裡平坦、哪裡陡峭都記在頭腦裡，所以登得非常輕鬆，遊刃有餘。

了解整體，不只登山會變得輕鬆，「記憶」也會變得容易。洞察整體，便能輕鬆記憶。

所以，就稱為「富士山記憶術」吧。

商業書籍切勿從頭看起

你買了書，會從哪裡開始看呢？

「從哪裡開始看？當然是從頭看啊。」這麼想的你，可能是看過什麼書都會忘記的人。

我買了書，會先看目錄，這樣可以看透書的整體，了解這本書的架構、寫的是什麼內容。

接著，我會靠目錄的資訊，把書啪啦啪啦地翻過一遍，看到自己想看的部分，或是有趣的敘述，就馬上從那個部分看起。

先啪啦啪啦地翻，再停下來仔細看。重複這樣的動作好幾次，只需大約五分鐘就可以看完這本書「最有趣的部分」，以及自己「最想知道的部分」。僅僅五分鐘，就能得到八分飽的智慧飽足感，這就叫「啪啦啪啦閱讀」。

等「想讀」、「想知道」的欲望告一段落，再回到第一頁，從「前言」看起。這麼做，就會覺得「哎呀，不可思議」，書裡的內容都出奇地鑽進了頭腦

5. 山的高度單位。

裡，於是，書的內容就清晰地留在記憶裡了。

讀書的時候，要先掌握整體的架構，再開始看細節，逐步深入。

靠「整體→細節」留在記憶裡

在記憶上，「關聯」很重要；關聯性強就能留在記憶裡，關聯性薄弱就不能留在記憶裡。

起初，先掌握整體架構，然後啪啦啪啦閱讀，再回到「第一章」，就能知道這章在整體中是怎麼樣的定位。

看書時，依照順序從頭看起，就不知道內容會怎麼展開。這樣也有這樣的好處，或許會覺得緊張刺激。但是，不看到最後就不知道各章節與整體的關係，所以只能在「關聯性」薄弱的狀態下往下看，是無法留在記憶裡的讀書方式。

各位玩過拼圖嗎？剛開始完全沒有線索，所以很難判斷應該把拼片擺在哪裡。但是，拼滿三成後，就很容易判斷手上的拼片大約該往哪裡擺，因為「輪廓」已經出來了。

把啪啦啪啦閱讀想成「建立拼圖輪廓的過程」，就能理解了吧？只需五分鐘就能掌握整體三成左右的架構，所以不但能加快閱讀的速度，也能加深對內容的理解，進而順暢地留在記憶裡。

國中、高中時，常聽說「預習很重要」。為什麼預習可以提升讀書的效果呢？那是因為「預習」可以掌握當天要學習哪些東西的整體概略，靠「預習」就能建立起拼圖的概略。

在課堂上，可以特別仔細聆聽預習時看不懂的地方及細節。不但能加深理解，聽到的話也會在經過整理的狀態下進入腦內。再次學習已經接觸過的資訊，也等同於「複習」。

「預習」就是要掌握當天課程的整體概略，正是所謂的「富士山記憶術」。

求學讀書亦然，閱讀亦然。想理解什麼、想記憶什麼的時候，首先就是要掌握整體概略，理解整體的架構、流程、展開。如同從富士山的山頂眺望風景那般，首先要俯瞰整體，瀏覽過，然後再邊看細節邊記憶。

遵循「整體→細節」的路線，就能徹底提升記憶效率、學習效率。

【事前準備記憶術❸】

資格考試、檢定考試必須做的事──對策講座記憶術

只用功五天便能通過錄取率百分之四十五的威士忌檢定的方法

二〇一四年秋天，得知要舉辦「威士忌檢定考」的消息，喜歡威士忌的我馬上決定報考。於是，我參加了第一屆的威士忌檢定二級考試，順利考過了。

令我驚訝的是，證書上面有記載成績，我的分數是八十九分，在一千三百七十九名考生當中排名五十九名。順帶一提，及格分數是七十分。我參加的「二級」考試的錄取率是百分之四十五．五，以檢定考試來說頗有難度。

或許有人會想：「八十九分啊？樺澤談記憶術談得振振有辭，結果也沒多厲害嘛。」然而，重點是我準備考試只花了五天的時間讀書。「只花五天」聽起來好像很臭屁，但我有很多事要忙，只有五天可以用功讀書。

事情要回溯到考試前的一個月。這個威士忌檢定，光講義就有兩百多頁，要背的東西一大堆，從威士忌的歷史、製法到各個威士忌的特徵等等。我也很

想好好用功，無奈工作繁忙，實在沒辦法花好幾個禮拜的時間好好用功，必須設定在最短時間內考上的目標。

就在那時候，聽說要舉辦「威士忌檢定對策講座」，時間是在檢定考試的大約一個月前，也正好是開始準備考試的最佳時機，我馬上報名了。

由蘇格蘭文化研究所代表，也是「威士忌檢定」的審定者、出題者的土屋守先生，花三個小時的時間，解說龐大的出題範圍，從威士忌的歷史、製法，到區域別的威士忌、各個威士忌的特徵。土屋先生妙語如珠的言談活潑生動，讓人忘記要參加檢定考試，充分學習到「何謂威士忌」、「何謂威士忌的魅力」，是個非常優秀的講座。

因為威士忌的歷史、製法、個別特徵，都像聽故事一樣聽過一遍，所以讀講義時，看起來只能死背的題目，都成了「雄壯的威士忌大河劇」，烙印在腦海裡。也就是說，講義完全被「故事化」了。而且，威士忌檢定的方針、威士忌檢定的重要部分（起碼要知道的重點）也都說到了。

光把兩百多頁的講義看過一遍，都要花四、五個小時；現在卻只要花三個小時，就能掌握概略和重點，極具時間效率。雖然這次的錄取率只有百分之四十五・五，但參加了對策講座的人，應該都是以很高的機率通過了考試。

要開始讀資格考試、檢定考試等領域的書時，首先必須掌握「整體概略」。所以，要靈活運用可以在幾小時內掌握概略的「對策講座」、「基礎講座」。

有資格考試或檢定考試時，通常會有補習班或相關單位主辦的「對策講座」、「基礎講座」。所以，想參加考試，就要先參加「對策講座」、「基礎講座」，掌握考試範圍的整體概略。

能否通過考試，與「背的能力」、「記憶力」或頭腦好壞，沒有直接關係。尤其是背完一本講義就能考過的檢定考試之類的考試，有九成都是決定於事前的準備。

在開始讀之前，必須先掌握整體概略，這是非做不可的事前準備。

光整理就不會忘記——筆記彙整記憶術

記憶前勝負已定

背或記憶給人的印象，就是在參考書邊畫紅線，邊拚死拚活地埋頭苦讀。然而，就是這樣的背法、記法，才得不到預期的結果。

有一本書名叫《考上第一志願的筆記本：東大合格生筆記大公開》，書中公開了很多東大生在高中時做的筆記，一言以蔽之，就是「漂亮得像藝術品」。

好讀、好懂、用漂亮的字做了整理。

這樣的筆記，在看到的瞬間，資訊就以視覺影像流入了腦裡，就是有這麼重大的影響力。看一眼這種「東大合格生的超漂亮筆記」，就會知道什麼叫「記憶前勝負已定」。

東大合格生會先整理出易看、易懂的筆記，再用這本筆記來背。如果是不好讀、沒有做過整理、不好懂的筆記，那麼這個人能考得上東大嗎？

做出好讀、整理過的筆記，就能背得非常輕鬆。做好「整理」的工作，不用刻意去記，也能自然地進入腦裡。

整理能促進記憶，這經過種種實驗，在腦科學上也得到了印證。引用《百分之百活用腦力 Brain Rules》一書中的話，就是「依據邏輯性整理過的分層結構所提示的語言，會比隨機所提示的語言更容易記住。一般而言，有很高的機率會記住百分之四十。」

透過邏輯性整理，將知識分層放置，記憶力便能提升到百分之四十，這就是「彙總、整理」的驚人效果。

要做整理，就必須「理解」。所以，經由整理，可以更深入「理解」。

譬如，前面提到的東大合格生的筆記本，如果對做筆記的人說：「請說明筆記裡的這一頁。」那個人一定可以說明。如前所述，「可以說明」就是意味著在腦裡「故事化」，與種種事物連結、結合了。

因此，經過整理、彙總的步驟，到達可以向他人說明的理解程度時，不必刻意去背，也已經成為記憶，幾乎在腦內扎根了。

【事前準備記憶術❺】

只要知道考試會出什麼題目，誰都能正確回答——考古題研究記憶術

掌握出題趨勢

如果你事前知道會出什麼題目，可以拿幾分呢？可以拿一百分吧？

國家考試的題目如果事前洩漏，會成為大問題。但實際上，出題可以猜測到某個程度。因為有所謂「考古題」的過去試題的題庫，研究這些題目就能掌握考試的大致趨勢。

猜測考試可能出來的題目稱為「猜題」，但我覺得這個形容詞不太好。「猜題」是像賭博一樣碰運氣，而「掌握題目的趨勢」沒有猜中或猜不中的問題。

「今年出的所有題目，都偏離了過去的趨勢！」這種事絕不可能發生。或許會有幾題這種離題的題目或怪題目，但大致上都不會偏離「過去出題趨勢」的路線。

有國家考試、資格考試，就會有這種分析出題趨勢的書出版。重點是，不能依賴這種「分析出題趨勢的書」，必須自己看考古題、自己掌握出題的趨勢。自己掌握趨勢，自然能看出「這裡可能會出」、「這裡應該不會出」。

先看考古題再看參考書

為國家考試、資格考試等做準備時，幾乎所有人都會先讀課本、參考書、講義，讀到某個程度培養實力，再挑戰「考古題」測試自己的本領。其實，這樣的讀書法，會造成很大的浪費。因為不知道哪裡會在考試時出來，所以只好每個地方都平均地讀，平均地背。

我的做法完全相反，會把考古題先大致看過一遍。剛開始或許答不出來，但無所謂，總之，先徹底掌握會出什麼樣的問題、會以怎麼樣的形式出來。

在考古題的分析上，我建議的方法是，找出所有出過的題目在「講義」的哪些地方，用螢光筆把那些地方畫起來。追溯過去好幾年份的考古題做下來，就能清楚看出都是考怎麼樣的題目、從哪些領域出來、難易度如何。

也就是說，分析「這裡以前出過好幾道題」、「這裡以前從來沒有出過題」

之類的趨勢，就能看得出來「這裡可能會出」、「這裡可能不會出」。

我說「考古題很重要」，可能會有人拚命死背考古題，但這是考古題的錯誤使用方法。因為與考古題完全同樣的題目，不太可能原封不動地出來。所以，重要的是作好萬全的準備，在遇到與考古題「同種類」、「同系統」的題目時也能正確作答。

要作好這樣的準備，在解答考古題時，除了解答問題外，「分析出題者的心理」也很重要。

每解答一題，都要好好斟酌、思考：「出題者是抱持怎麼樣的心態出了這道題？」即使題目不一樣，「出題者的心態」也不會有多大的改變。「希望考生最起碼能知道這樣的知識」的「最起碼的界線」，在看過很多考古題後就能看得出來。

以「出過怎麼樣的題目」的角度來解題，就會陷入「過去志向」。不要那樣解題，以猜測「會出怎麼樣的題目」、「今後應該也會出同樣趨勢的題目」之類的「未來志向」面對題目，就可以使考古題的分析達到最大效果。

為考試而讀書的第一步，就是分析並研究考古題。

靠分析考古題拿到滿分

我第一次分析考古題，是在國中三年級考高中的時候。「英文」、「國語」、「數學」的題目，大多要「理解」、思考才能對答。相反地，與「社會科」相關的歷史、地理，大多的題目都只要背熟就能答對。

既然背熟就能克服，那麼，從頭背到尾不就行了？可是，要把一整本課本都背起來很難，所以有了考古題。

我是在北海道長大的，所以，我把北海道公立高中五年來的「社會科」考古題都做了一遍。然而，光是那樣，並不能掌握趨勢。於是，我買了收錄四十七都道府縣所有公立高中入學考題的題庫，對所有的考古題（一年份）做了分析。

我調查了所有入學考題中出現過的項目，用「螢光筆」在參考書裡的那些地方做標注。然後，把「過去曾出現過的所有項目」都整理在筆記本裡，做成「把這些都背起來，社會科就能拿滿分！」的必背項目最佳版本。數量並沒有想像中那麼多，所以是「這個程度可以全部背下來！」的簡易筆記。

參加模擬考後，發現有百分之九十的題目出自這本筆記。當時，我雖然只是國中三年級，卻能跟補習班的老師一樣，分辨「考試會出」的標準與「考試不會出」的標準。

在「理化科」方面，我也做了同樣的筆記。

高中入學考時，我的社會科和理化科都拿到滿分，題目幾乎都出自我的筆記，所以考得非常輕鬆。

以背為主的相關科目，光是分析考古題，就能拿到很高的分數。

總之，考古題是考試的關鍵！

讀書要從「重要的部分」開始——前兩成記憶術

假如你現在有一本魔法課本。

裡面把考試常出現的「兩成」，與偶爾才會出現的「八成」，用顏色做了區分，你會先讀考試常出現的「兩成」，還是先讀偶爾才會出現的「八成」呢？

被問到這個二選一的問題，想必每個人的答案都是從考試常出現的「兩成」讀起吧？然而，實際上，大部分的人在讀書時會從課本的第一頁讀起。

或者，有一定的考試範圍時，就從那個範圍的頭一頁開始讀起。結果，總是因為時間不夠，不得不放棄最後的三成。

準備考試的時候，不要從最前面的第一頁讀起，要從考試出現機率很高的「重要的兩成」讀起。

有所謂「帕雷托法則（Pareto principle）」，又名「二十／八十法則」，例如「百分之二十的工作創造了百分之八十的收入」、「百分之二十的人儲蓄了百分之八十的財富」這樣的法則。

讀書也幾乎可以套用帕雷托法則。或許，讀書的比例不完全是二十對八十，但是，把課本裡考試可能會出現的前百分之二十的重點都背起來，即使拿不到八十分，也可以拿到一半以上的五十分、六十分。

讀書的時間有限，所以，要分出優先順序來讀。把「考試可能會出現的部分」與「不太會出現的部分」，都花同樣的時間來讀，會有很多遺漏。

把考試非常容易出的「兩成」與偶爾才會出的「八成」，用顏色來做區分的「魔法課本」，只要先分析前面所說的考古題，就能自己做出來。

先背重要的兩成，有時間再背其餘的八成。這樣讀書，遠比從最初的第一頁開始平均地讀更有效率。

【事前準備記憶術❻】

光寫就能百分之百記憶——單字本記憶術

背一對一的組合時要準備單字本

漫畫《哆啦A夢》裡，有個道具叫「記憶麵包」。把想記起來的東西，抄寫在吐司形狀的麵包上，只要吃下去就能記住抄寫的內容，是很厲害的記憶道具。不過，大雄每次都因為吃太多「記憶麵包」而拉肚子，最後全都忘光光。

小時候都會想，如果真有記憶麵包不知道有多方便呢。但是，真的有光寫就能牢牢記住百分之百的「記憶麵包」。

這種麵包又稱為「單字本」。

只要使用單字本，就能百分之百記住寫下來的東西！或許有人會覺得這麼說太誇張了，但使用我的「單字本記憶術」，真的可以記住百分之百。

「單字本」是記憶的重要道具，幾乎沒有人在準備高中考試和大學考試的時候沒用單字本吧。當我們背具代表性的英文單字，譬如「apple——蘋果」

這種一對一的組合時，單字本能發揮極大的威力。

對三選一、四選一或電腦閱卷等只需「選擇」的考試，也很有效。

我能讀五天就通過威士忌檢定考試，就是靈活運用了「單字本」。威士忌檢定考試講義的最後面有「模擬試題」，由此可以知道考題都是四選一，只要背語言的組合就能通過考試。於是，我把講義上該背的東西都寫在「單字本」上。

以下面這道模擬試題為例。

「蘇格蘭的國花是什麼？

①薔薇 ②百合 ③薊花 ④荊豆」

答案是③薊花，這時候當然要在單字本裡寫下「蘇格蘭的國花——薊花」，再寫入其他答案的相關資料，譬如「英國的國花——薔薇」等。此外，我猜以威士忌產地聞名的愛爾蘭，雖不在選項裡，但也有可能成為考題，所以會再寫入「愛爾蘭的國花——酢漿草」。

就像這樣，我會把我想背的東西，統統寫入卡片裡。

在威士忌檢定考試時，我寫了五百張卡片。重點是，要作好「背完這五百張卡片就能通過考試」的準備。

多花點時間在記不起來的東西上——分程度記憶術

接著，就是進入使用單字本記憶的階段。

即便看到寫著「蘇格蘭的國花」的卡片的正面，就能知道寫在背面的答案是「薊花」，也一定要邊用筆寫在紙上邊檢查答案，這樣才能記得更牢固。

會有一張或幾張卡片還沒背起來，或是記錯了。

這時我會把錯掉的卡片抽出來，放到「正在背」的那一疊。

確認過一次都沒錯的卡片，放到「已背完」的那一疊。

被放到「正在背」那一疊的卡片的記憶，還模模糊糊，所以，我會不停地重複背，直到完全答對為止。然後，隔天再挑戰一次「正在背」的卡片，幾乎都背起來了，但還是有幾張答錯，這時候，再把答錯的卡片抽出來，放到「難題」的那一疊。

也就是說，把做好的卡片分成「已背完」、「正在背」、「難題」三疊。

一而再地背「已背完」的卡片，只是浪費時間。要把時間花在不記得的卡片上，以及偶爾會搞錯的卡片上，亦即要把時間花在「難題」、「正在背」的確認上。「已背完」的卡片，只要在考前做確認就行了。

得了」。

重複這樣的過程，直到「難題」那一疊都答對了，就是「百分之百都記得了」。

這就是把光寫就能記憶的單字本變成「記憶麵包」的方法。

在威士忌檢定考時，我靠這個方法，答對了所有與卡片上所寫的知識相關的題目。卡片沒有寫到的、像是雞蛋裡挑骨頭的題目，很遺憾都沒答對，但是，我以八十分輕鬆通過了七十分的錄取標準。

訣竅如前所述，不要花時間去檢查已經背起來的卡片，把時間充分花在還沒背起來的卡片上，這樣就能有效利用時間。

有大部分的人，會使用單字本，卻不會做「已背完卡片」與「還沒背完的卡片」的分類。所以，請務必做做看，真的可以百分之百記得。

整理大腦狀態——最佳效能記憶術

維持目前的「記憶力」不變，效果就可以增加好幾倍

最適合記憶的時段是什麼時候？答案是夜晚。

那麼，熬夜背書有用嗎？犧牲睡眠讀書，完全是反效果。「記憶」是在腦內進行，所以，在大腦效能處於最佳狀態時記憶，即使是短時間的學習，也能長期記憶。反言之，在大腦處於效能不佳的狀態時，試圖記憶也完全無法提升效率，即使感覺記住了，也很快就會忘記。

若能顧及大腦效能再投入讀書、學習、甚至工作，「記憶力」好的人就能更提升效果，「記憶力」不好的人，也能達到一定程度的效果。

很難在兩、三天內增進絕對性的「記憶力」，但可以打造大腦的最佳效能，以大幅提升記憶與學習效率。使用「最佳效能記憶術」，即使維持目前的記憶力，也能提升好幾倍的效果。

此外，記憶最重要的是複習的時機。同樣花三小時來背東西，也會因為什麼時候複習、分幾次複習，而使學習效果有好幾倍的差異。

用最佳效率學習，在最好的時間點複習，只要能實踐「最佳效能記憶術」，你就可以在現有的記憶力基礎上，把記憶力發揮到極致。接下來，我將從「睡眠」和「學習計畫」兩個關鍵字開始，說明打造大腦最佳效能的方法。

睡覺就能促進記憶——睡眠記憶術

「睡眠」與「記憶」的意外法則

若是要我說一個提升記憶力最簡單的方法，我會說「睡眠」。

睡眠與記憶之間，有非常密切的關係。再怎麼拚命用功一整天，睡眠時間不夠，讀過的東西就無法成為記憶穩穩扎根，「睡眠不足」會使所有的努力付諸流水。

好好睡一覺，就能提升記憶力。

或許有人會想哪有這麼好的事，然而，真的有夢幻的記憶術。

只要睡覺，腦就會自行記憶。

把「睡眠」稱為終極的「不用記憶的記憶術」也不為過。

接下來要說的是，想提升記憶力就必須知道的睡眠與記憶力的重要法則。

【強化記憶力的睡眠法則❶】

記憶的扎根需要六小時以上的睡眠時間

作夢就能完成記憶的整理與扎根

晚上睡覺時會作「夢」。人為什麼會作夢呢？

在種種說法中，最有力的說法是靠作夢來整理記憶，使記憶扎根。要牢牢記住一整天的記憶，需要六小時以上的睡眠。根據哈佛大學的史提果（Stickgold）博士在二〇〇〇年發表的研究結果顯示，要學會新的知識或技法，必須在學習的當天睡六個小時以上。

為了讀書，把睡眠時間減少到三小時、四小時或是熬夜，不但記憶無法扎根，**也不會有學習效果**。

或許有人會想，有了充足的睡眠時間，就會減少用來讀書的時間，覺得忐忑不安。

其實，適當的睡眠可以有效率地獲得記憶效果、學習效果。

禁止熬夜、睡眠不足

熬夜、睡眠不足會降低大腦的效能

或許有人會說：「考試的前一天晚上，當然要熬夜讀書！」但是，因為中間都沒有「睡覺」，所以，一考完試，就會忘掉所有應該已經背起來的東西。這樣的話，再怎麼努力用功也不能累積用功的成果。

再者，熬夜也會明顯降低大腦的效能。

譬如，經過種種實驗已經知道，熬夜會降低認知能力；或者不熬夜，只稍微減少睡眠，也會對大腦產生非常不好的影響。

根據國立精神、神經醫療研究中心的三島和夫博士的研究，每天睡六個小時直到第十天左右，認知能力就會下降到與持續二十四小時不睡覺相同的程度。

熬夜或睡眠不足，不只記憶力會減退，大部分的腦部機能都會下降。

在這種大腦效能下降的狀態下參加考試，不可能發揮實力；連花好幾個月的時間去背，已經轉化成長期記憶的東西也會想不出來。

熬夜會導致腦細胞死亡？

偶爾會聽到「熬夜會導致腦細胞死亡」的說法，這是真的嗎？有研究證實，白老鼠五天沒睡覺，腦下垂體細胞的一部分就會引發細胞死亡。也有其他研究證實，白老鼠九十六小時沒睡覺，大腦的海馬就幾乎不產生新的神經元了。

再繼續睡眠不足，就會分泌壓力荷爾蒙的腎上腺皮質醇。腎上腺皮質醇的濃度持續上升，就會對海馬的神經細胞造成損害，殺死海馬的神經細胞。

在東北大學進行的研究，針對五歲到十八歲的兩百九十個人做了調查，結果發現睡眠時間越短的孩子，大腦的海馬的體積越小。

熬一次夜，會死掉多少腦細胞，目前還不清楚；但是，持續睡眠不足，一定會對主要負責記憶扎根的「海馬」產生顯著的不良影響。

完全不睡覺的熬夜，就不用提了，連少於六小時的睡眠不足的程度，都足以對記憶和認知機能造成影響，所以，若想提升記憶力，充足的睡眠是讓大腦發揮最佳效能的大原則。

【強化記憶力的睡眠法則❸】

「睡前」是記憶的黃金時間

在「睡前」背完就去睡覺

有沒有最適合記憶的時間呢？

若是有最適合記憶的時間，在那個時段背，就可以說是最有效率的好記憶術、好背法。

最適合記憶的時段，就是「睡前」。尤其是睡前的十五分鐘，更被稱為「記憶的黃金時間」。

前面已經說過，睡眠能促進記憶的扎根。背完後，什麼都不做，直接鑽進被窩裡睡覺，最能促進記憶的扎根。

有所謂的「記憶衝突」，是妨礙記憶扎根的因子。背到某種程度後，再輸入類似的資訊或多餘的資訊，這些資訊就會在腦中彼此起衝突，攪亂逐漸扎根的記憶，阻礙記憶。

所以，或許有人會想「今天讀了一整天的書，看個電影再睡覺吧！」、「玩一個小時的遊戲再睡覺吧」，然而，以記憶術來看，這是打發「睡前」時間最糟糕的方法。

讀完書後，馬上鑽進被子裡睡覺，對記憶最有效。

在最高效能下活用腦——分時段讀書法

晚上，尤其是睡前，是最適合記憶的時段。反言之，上午並不適合背或記憶。那麼，既然上午不適合記憶，要怎麼讀書呢？

早上起床後的兩到三小時，是「腦的黃金時間」，腦內被整理得有條不紊，適合做高度的理論性思考、理解難懂的事物、寫文章、讀外語。

請回想記憶的四個步驟——理解、整理、記憶、反覆。這之中的「理解」和「整理」，適合在早上做。

上午把時間花在「理解」和「整理」的學習上，晚上進行「記憶」和「反覆」的學習。

尤其要把握睡前十五分鐘的「記憶黃金時間」，在那時候把不擅長的領域一口氣背起來，背完馬上去睡覺，這就是有效率的讀書法。

以數學和物理來說，理解比背重要。這種理解型、理論型的科目，適合在上午學習。

不過，數學和物理也有公式要背，所以，可以在睡前反覆地背，讓要背的部分牢牢留在記憶裡。

另外，英文的文法是「理論型」，英文單字卻是「背誦型」的學習。像這樣把讀書區分為「理解型」與「背誦型」，上午讀「理解型」，晚上讀「背誦型」，讀書的效率和記憶的效率就會有飛躍性的提升。

【強化記憶力的睡眠法則④】

「補眠」也無法彌補睡眠不足

若是持續睡眠不足，週末睡十小時也沒有用

減少睡眠時間，不只記憶力，連隔天的注意力、集中力、認知能力、學習能力等腦部機能，幾乎都會下降。

或許有很多人以為「平常減少睡眠，只要禮拜六、日睡個夠，就能補回來」，但根據美國瓦岡查斯（Alexandros N. Vgontzas）博士的研究顯示，這是錯誤的想法。

他在十三天裡，依照四天睡八小時、六天睡六小時、三天睡十小時的順序進行實驗。

從依序減少兩小時的睡眠，觀察到睡意及認知機能都下降了。最後三天都睡十小時（重現週末的「補眠」狀態），睡意是改善了，但認知機能並未復原。

也就是說，「即使睡眠不足，也可以靠後來的充足睡眠使大腦復原」的想

法是錯的。減少平日的睡眠時間，週末再睡十小時，也無法恢復下降的認知機能。亦即，放完假的隔天，大腦效能依然處於下降的狀態。

慢性睡眠不足的人，會經常恍神，只能在無法百分之百發揮大腦效能的狀態下讀書或工作。

要維持集中力、記憶力，以及事業上的工作效率，就必須每天睡六小時以上，以提升集中力，讓大腦效能保持在最佳狀態。

【強化記憶力的睡眠法則❺】

小睡一下能讓記憶扎根

「小睡」對記憶的扎根有很大的影響

為了記憶，需要六小時以上的睡眠。但是，難免有人工作太忙，每天都要加班，根本不可能有足夠的睡眠時間吧？這樣的人該怎麼辦呢？

要克服睡眠不足引起的效能下降，王牌就是「小睡」。

德國呂貝克大學做過以下的研究。先把畫著插圖的十五種卡片，拿給所有實驗對象背起來。四十分鐘後，再把插圖跟剛才不太一樣的卡片拿給一半的實驗對象背起來（為了攪亂記憶）。另一半的實驗對象是在小睡（Non-REM sleep，非快速眼動的睡眠時段）四十分鐘後，再背卡片。然後，針對最先背的卡片做測驗。

結果，有睡覺組的成績比沒睡覺組好。沒睡覺組的答對率是百分之六十，有睡覺組的答對率是百分之八十五。

此外，根據腦的影像分析顯示，睡眠確實可以促進記憶的長期保存。

睡眠可以促進記憶的長期保存，防止種種資訊帶來的記憶衝突。僅僅四十分鐘的小睡，對記憶的扎根也有很大的影響。

二十六分鐘的小睡可以提升百分之三十四的工作效率

小睡除了有助記憶，也可以全面改善大腦的效能。根據美國NASA的研究顯示，小睡二十六分鐘，可以提升百分之三十四的工作效率，以及百分之五十四的注意力。

在美國，越來越多企業引進小睡室或被稱為小睡艙（nap pod）的睡眠機器，Google、Nike等大廠都有引進。

在日本，由厚生勞動省[6]編製的「打造健康的睡眠指南」，也在相隔十一年的二〇一四年重新修訂。

文中有以下敘述：

「午睡可以改善下午因睡意而引發的工作問題。在下午較早的時間，短短午睡三十分鐘，可有效改善會受睡意影響的工作效率。」

國家對小睡的效果做了保證。

以前，公司的氛圍或許是午睡就會被罵「你在幹什麼！」但現在的日本企業，也有越來越多設立小睡室或支持午睡的公司。

拿破崙是睡眠時間短的人嗎？

拿破崙一天只睡三小時，卻還是連戰連勝，成就輝煌。所以，推薦短時間睡眠（short sleep）的人，主張減少睡眠時間也沒關係。然而，最近的研究對拿破崙是「短睡眠時間者」（short sleeper）的說法，提出了質疑。

拿破崙患有重度胃潰瘍，是眾所皆知的事。關於拿破崙的死因眾說紛紜，胃潰瘍引起的胃穿孔，也是一定會被提起的原因之一。

據說，拿破崙的肖像畫，大部分都把手擺在肚子上，是因為他長期受胃痛之苦；而且，幾乎是每天連半夜都痛得很厲害，所以他一天只能睡三小時。

胃潰瘍的最大原因是壓力。睡眠可以消除壓力，也可以在睡眠中修復細

6. 相當於我國的內政部、衛生署及勞動部的業務。

胞。拿破崙的胃潰瘍會惡化，一定跟睡眠不足有關。

再者，從拿破崙的親信布里安（F. D. Bourrienne）所寫的回憶錄，可以知道拿破崙在會議中或騎馬行進中經常打瞌睡。也就是說，拿破崙並不是一天只睡三小時也能精神奕奕地活動的短時間睡眠者，而是胃潰瘍引起胃痛，所以只能睡三小時。他以「小睡」來彌補這樣的慢性睡眠障礙，說起來，他應該是「小睡」的高手。

大家都知道，達文西每四小時就會睡十五分鐘。另外，發明家愛迪生也有午睡的習慣。可見連歷史上的偉人，都會靈活運用小睡，讓大腦的效能最大化。

把小睡活用在工作上——充電小睡實踐法

在時間配置上，能使睡眠效果達到最大化的小睡法，稱為「充電睡眠（power nap）」。充電睡眠的最適當時間是十五到二十分鐘，超過三十分鐘就會進入深度睡眠，反而會增加疲憊感。超過六十分鐘的小睡，就會對晚上的睡眠造成不良影響。

此外，小睡應該在下午三點前結束，那之後的小睡也會對晚上的睡眠造成不良影響。

最理想的是在平坦的地方躺下來睡，但是，坐在椅子上趴在桌上睡的方式，也可以得到非常好的效果。在充電睡眠之前，先從咖啡或綠茶等攝取咖啡因，約三十分鐘後咖啡因就會起作用，所以比較容易自然醒來。

我個人沒有小睡的習慣，但覺得疲倦或有強烈睡意時，絕不會忍耐，會小睡二十分鐘左右。

在效率低落的狀態下工作，不但不會有成果，更是浪費時間。衡量小睡損失的時間、因小睡而恢復的效果及那之後的工作效率的提升，自然會明白是不是小睡一下比較好。

強化記憶不可不複習——學習計畫記憶術

不複習就會忘記大部分的資訊

大家應該都知道，複習對記憶來說非常重要。

那麼，從最初記憶的幾天後、做幾次複習最有效率呢？類似這種學習計畫的訂定方式，會使所謂「記得多少」的效能，產生好幾倍的改變。

德國心理學家艾賓浩斯，曾經讓很多人背「SOB」、「RIT」、「GEX」等沒有意思的三個英文字母的組合，調查經過多少時間會忘記多少。

結果顯示，記憶二十分鐘後會忘記百分之四十二，一個小時後會忘記百分之五十六，一天後會忘記百分之七十四。這個遺忘比例的圖示，被稱為「艾賓浩斯遺忘曲線」。這個一百年前做的研究，成為現今記憶研究的基礎。

記憶會隨著時間的流逝，以飛快的速度被遺忘。

要避免遺忘，唯一的辦法就是複習。

在適當的時機用心複習，就能確實增加記得的比例。

看到這個數據顯示「二十分鐘後會忘記百分之四十二」，或許有人會說不至於忘掉那麼多吧？但值得注意的是，艾賓浩斯的實驗是調查「無意義的英文字母的組合」，亦即「意義記憶」。有關聯性的事物或實際發生的事情的記憶，並不會忘得那麼快。

所以才有本書所說的戰略，就是反過來使必須記得的事產生關聯性，因故事化而留在記憶裡。

【學習計畫記憶術❶】

一週以內複習三次——一三七記憶術

「一天」、「三天」、「七天」後複習

那麼，要有效地留在長期記憶裡，怎麼樣是最好的複習時機呢？

關於這方面有種種的研究，其中之一是「1day-1week-1month」，就是在最初記憶後的一天後、七天後、三十天後複習就行了。

結果會因記憶什麼而不同，但一天後與七天後相隔太久，所以，依我的經驗，我建議大家在第三天也做複習。

「一天後、三天後、七天後」連做三次複習，幾乎就能記起來了。然後，在三十天後，再確認看看是不是真的記住了。

就取一天、三天、七天的頭一個字，稱之為「一三七記憶術」吧。

被輸入腦內的資訊，會被暫時保存在海馬二到四週。這段期間被使用過三到四次或更多次的資訊，會被大腦視為「重要」資訊。這些次數與期間，都只

是大致上的推測，並非確切的數字。

但是，如果說「二到四週內做三到四次的輸出」，也太過模稜兩可，沒辦法訂定讀書計畫。

所以，可以把「一、三、七、三十」這個數字當成目標做複習，不必非第三天不可，在第四天、第五天複習也可以。但是，最好在中間不會空太多天之前，亦即記起來的東西不會忘光光之前，好好地複習，請把「一三七」當成大約的目標記起來。

【學習計畫記憶術❷】

不要一口氣背下來——分散記憶術

想一次集中背起來也無法扎根

當接近考試或被時間逼到走投無路時，有人就會花好幾個小時的時間讀同一科，或花好幾個小時的時間只讀要背的東西。然而，長時間持續背或記憶，效率會明顯下降。

紐約大學的德維希（Davachi）博士，曾做過請實驗對象背某單字表的實驗。他讓「集中學習」組在一天之內背完所有的單字，讓另外的「分散學習」組分兩天背完，但背的總時數一樣。

考試結果，「集中學習」組與「分散學習」組，分數幾乎相同。但是，隔天沒有事先通知，臨時考試，「分散學習」組的答對率就比「集中學習」組高百分之十。

也就是說，「集中學習」比「分散學習」容易忘記，無法扎根。我在「強化記憶力的睡眠法則」中也說過，一次同時塞進太多的資訊，會引發「記憶衝突」。

譬如，試圖一次記住一百個英文單字，那些單字就會在腦內彼此衝突，阻礙記憶的扎根。

哈佛大學的丹尼爾・沙克特（Daniel L. Schacter）博士，也在他的著作《為什麼想不起「那個」：記憶與腦的七個謎》中，發表了以下的言論：

「在準備一個禮拜後的考試時，把內容重複背十次的成績，會比臨考前把所有內容一次背起來的成績更好。」

讀書時，不要一次就背起來，要重複背好幾次，每次相隔一段時間。

花長時間一次背完，還不如把讀書時間分成好幾段，再三重複，便可將大腦的效能發揮到極致。

【學習計畫記憶術❸】

努力過度會有反效果——休息進度表記憶術

靠「初始效應」與「時近效應」提升效率

不知不覺中，讀了三小時的書，像這樣可以長時間保持集中力讀書的人，應該不多。大部分的人，都是邊讀邊與「啊，好累」、「已經厭倦了」、「真不想讀了」之類的「想放棄」的念頭奮戰。讀書、工作都一樣，在感覺疲憊之前先休息是很重要的。

不論讀書或工作，在最初與最後的集中力最高，所以記憶力和工作效率也最好。在心理學上稱為「初始效應（primacy effect）」與「時近效應（recency effect）」。「好，來讀吧！」的「最初的努力效果」，以及「快結束啦！」的「最後的努力效果」，可以提升讀書或工作的效率。

以兩種形態為例，一種以四十五分鐘為一單位休息五分鐘，一種以九十分鐘為一單位休息十分鐘。假設最初與最後的五分鐘可以獲得努力效果，那麼，若是工作六個小時，以四十五分鐘為一單位的人可獲得八十分鐘的高效率時段，以九十分鐘為一單位的人只能獲得四十分鐘的高效率時段。

中間加入休息，當然會有恢復精神的效果，再加上各個時段都能獲得「初始效應」與「時近效應」，因此，整體而言也能提高記憶效率和工作效率。

與其長時間拖拖拉拉地做，還不如訂好時間，在感覺疲倦之前休息，可以將工作或讀書的效能發揮到極致。

第四章

感情波動能強化記憶

——操作感情記憶術

感情波動可以強化記憶

控制感情便能留在記憶裡

第一次的約會，你是跟誰去了哪裡呢？是十年前？還是三十年前呢？或許是非常久遠的事了，但應該依然記憶猶新吧？

我說過人類會忘記百分之九十九的輸入資訊，但是，「非常快樂的回憶」不必特別複習，也可以記得非常清楚。而痛苦的回憶、悲傷的回憶，有時想忘也忘不了。

記憶與情感的波動有很深的關係。人類與生俱來的結構，就是會強烈地記住喜怒哀樂等感情被大大煽動的事情。

克萊因・史密斯（Kline Smith）與卡布朗（Kaplan），將八個單字與一行數字組合在一起，進行了記憶的實驗。單字裡混雜著「接吻」、「嘔吐」等刺激情緒的單字與普通單字。

一個禮拜後做測驗，結果顯示有刺激情緒的單字組合，比普通的單字組合更容易被記住。

情緒受到刺激，就會增強記憶力。理由是情緒受到刺激時，在我們的腦內分泌的腦內物質、神經傳導物質，具有增強記憶的作用。

譬如，興奮的時候、快樂的時候、幸福的時候，會分泌幸福物質多巴胺(dopamine)。欣喜若狂的時候，會分泌腦內麻藥腦內啡（endorphin）。恐懼不安的時候，會分泌正腎上腺素（noradrenaline）。已經證實，這些物質都有增強記憶的效果。

深刻記憶快樂的事、幸福的事，讓我們可以活得快樂、活得幸福。深刻記憶恐懼和不安，可以避免同樣的危險，也具有重大意義。

像這樣，情緒會受到刺激的記憶，稱為「情緒記憶」。情緒記憶比一般事情更容易留在記憶裡，不需要多次複習。

反言之，**有意識地控制感情，便可利用情緒記憶的增強效果，不必去記也能自然地留在記憶裡**。這就是「操作感情記憶術」。

【操作感情記憶術❶】

緊張不是「敵人」——適度緊張記憶術

有點緊張感更能提升學習效果

在學生時代，看到模擬考的考題出現在正式考試的試卷裡，我會高興地暗叫：「啊，跟模擬考的題目一樣！」你應該也有過這樣的經驗。

為什麼「模擬考的題目」會比平常自己在家裡做的題目，更容易留在記憶裡呢？理由在於「適度的緊張」。

在適度的緊張狀態下，腦內會分泌名為正腎上腺素的物質。正腎上腺素會在扁桃體和海馬，與其他神經傳導物質和荷爾蒙等相互作用，促成長期記憶的形成。在長期記憶的形成上，正腎上腺素是非常重要的腦內物質。

「如果緊張怎麼辦？」或許有不少人會擔心緊張、厭惡緊張，把緊張當成「敵人」，其實「適度的緊張」是我們「可以仰賴的朋友」。

再者，正腎上腺素與「工作記憶體（working memory）」的關係也十分密切。所謂的「恐慌（panic）」狀態，就是指正腎上腺素分泌過剩，工作記憶體無法正常運作的狀態。

超越「適度的緊張」，陷入「過度的緊張」，就會覺得「頭腦一片空白」，大腦的效能顯著下降。

有適度的緊張感，大腦的效能會比沒有緊張感的狀態更好。但是，在過度緊張的狀態下，大腦的效能會下降。此現象也經心理學實驗證實，稱為「葉杜二氏法則（Yerkes-Dodson Law）」。

心理學家葉克斯與杜德森，在實驗中訓練老鼠區分黑與白的記號。當老鼠區分錯誤時，就會被電擊。結果顯示，加強電擊度，答對率就會升高，但超過最適當的強度時，答對率反而會下降。

電擊強度亦即壓力強度適當時，老鼠學得最快；反之，電擊太弱或過強時，學習能力就會下降。

也就是說，多少有點壓力、緊張、處罰等不愉快，更能提升學習效率。

緊張是記憶的絕佳機會

那麼，所謂「適度緊張記憶術」，具體來說是什麼呢？

「這次的模擬考要參加嗎？」、「還沒準備好，所以這次就算了。」這是學生之間常有的對話。

「模擬考」常被當成測驗目前實力的考試，或適應正式考試的實踐練習。然而，只以這種心態參加考試就太可惜了。如前所述，「適度的緊張」可以大大提升記憶力。有點緊張卻又沒有正式考試那麼緊張的模擬考，正好可以讓我們感受到「適度的緊張」。

因此，模擬考的考題、在模擬考答錯的題目，後來都特別容易留在記憶裡。所以即使沒有準備好，也該積極參加模擬考。

在職場也一樣。「願不願意在公司這次的讀書會當發言人？」被上司這麼徵詢時，大部分的人都會拒絕說：「很多工作堆積如山，太忙了，沒有時間準備，對不起。」其實，這樣等於放棄了絕佳的記憶、及成長的機會。

或許有人覺得，在讀書會當發言人，薪水也不會增加，不過是被硬塞了麻煩的工作。要在很多員工和上司面前發言，必須閱讀資料、文獻，做周全的準備。這或許是很大的壓力，但準備期間讀過的資料、文獻，都會被牢牢記住。不知道會被問到什麼問題、萬一答不出來很丟臉，這樣的壓力會活絡你的記憶力。最後，結束發言的你會有大幅的成長。

在醫學界，要做學會發表。但是，很多實習醫師、新進醫師都很討厭做學會發表。因為必須收集三十到五十本的相關論文，反覆閱讀，把重點塞進腦袋裡，還要面對那方面的專家醫師提出來的尖銳質疑，會有很大的壓力。然而，為準備學會發表而閱讀的學術論文，會不可思議地牢牢記在大腦裡好幾年。

像這樣，要在人前發言或參加考試、測驗，都會伴隨著不安、緊張，所以很多人都會想「能躲就躲」。**但是，這種「人人都討厭的活動」，才能帶來適度的緊張，是爆發性地擴展你的知識與經驗的絕佳機會。**

「過度緊張」是記憶的敵人

記憶時，最好有些微的緊張、些微的壓力；但是，壓力太大會完全造成反效果。如前所述，因為太大的壓力不僅會降低「記憶」與「學習」的效果，還會阻礙「想起來」，亦即「想出來」。

有人平時的考試，都能拿到漂亮的成績，正式考試卻緊張到完全無法發揮實力。明明是已經記住的知識，卻一點都想不起來。

或者，有時為了做簡報，會先預演過好幾次，作好萬全的準備，但一站上正式舞臺就緊張到頭腦一片空白，完全想不起原本背好的東西。

在這種緊張過度的狀態下，會大量分泌正腎上腺素。正腎上腺素過度作用，就會降低工作記憶體的作用。工作記憶體失去作用，頭腦的反應就會遲鈍，降低思考能力，視狀況可能會頭腦一片空白，完全無法思考。

再怎麼努力用功，背下考試的範圍，如果不能完全想起背過的東西，就完蛋了。該如何預防這種「緊張到想不出來」的狀態呢？那就是習慣會緊張的場合。

譬如考生，在如同正式考試的環境中參加「模擬考試」，就很有效。經驗過好幾次在與考試相同的環境、相同的時間分配下參加考試的人，與完全沒有經驗過的人，在正式考試時的緊張度全然不同。

若不是考生，積極參與「會緊張的場合」也不錯。我們最常會遇到的緊張場合，應該是「在人前說話」吧？

所以，有機會在人前說話時，譬如被要求發表什麼言論時，請務必積極地面對。這正是「習慣緊張場合」的絕佳機會，應該自己舉手說：「請讓我來。」

兩分鐘消除緊張的方法

在平時累積這種「不怯場」的經驗非常重要，然而，即使這麼做，在正式考試或正式發言時，可能還是會很緊張。

這時候最有效的做法是「深呼吸」。或許有人會想：「廢話，深呼吸本來就會緩和緊張啊。」但是，從腦科學來看，深呼吸的放鬆效果也非常大。

人一緊張，呼吸就會加速，心臟撲通撲通狂跳。心臟的速度沒辦法自己調整，但呼吸的快慢可以自己控制。花二十到三十秒從鼻子緩緩吸氣，再花二十到三十秒從鼻子緩緩吐氣，請這樣重複三次。光這麼做，就能大大緩和緊張。

呼吸加速、心臟撲通撲通狂跳，是因為交感神經處於優位的狀態。交感神經處於優位的狀態，就是「處於緊張」的狀態。這時候深呼吸，「交感神經」會切換成放鬆的「副交感神經」，消除緊張。

深呼吸的鬆弛效果非常顯著，最好能在平時養成「緊張就深呼吸」的習慣。

因為人在真的很緊張的時候，會連「深呼吸就能消除緊張」這件事都忘記。

【操作感情記憶術❷】

把逆境能量活用在工作上——火災現場蠻力記憶術

活用被逼到絕境時分泌的腦內物質

幾乎沒碰過的暑假作業或自由研究，到了暑假的最後一天，才在一天之內做完，我想這種經驗誰都有過。或許有人會想，既然可以在一天做完，何不在暑假的第一天就做完呢？然而，第一天再怎麼拚命，都不可能完成所有的作業。

被逼到絕境時才能發揮的超越想像的強大力量，稱為「火災現場蠻力」。從腦科學來看，的確有所謂的「火災現場蠻力」。

人類被逼到絕境時，也會釋放出名為「腎上腺素（adrenaline）」的物質，這個腎上腺素會提升肌力、瞬間爆發力、心肺功能。我聽說過在火災的時候，老奶奶背著衣櫥逃出來，這並非完全不可能的事。

在緊要關頭，正腎上腺素會提升腦力，而腎上腺素會提升身體的能力。正腎上腺素和腎上腺素的分泌，與恐懼、不安、緊張有關。原始人遇到猛獸時，要立即判斷「戰鬥」或「逃走」，並立即採取行動，否則會被殺死。從那麼久遠的太古時代起，就會在危急時分泌正腎上腺素和腎上腺素。

有趣的是，分泌正腎上腺素時，不只能提升注意力和集中力，也能提升記憶力。所以，就記憶術來說，在「被逼到絕境的狀態」下記憶，是非常合理的有效方法。

上班族若是把「火災現場蠻力記憶術」應用在工作上會怎麼樣呢？很多工作都有「截止日」或「交期」，只要嚴守「截止日」或「交期」，自然可以發揮「火災現場蠻力」，提升工作能力、記憶力。

我有「截稿日」，是個眾所皆知的嚴守截稿日的作者。有人在寫作時，快到截稿日就一定會說：「請再給我一個禮拜的時間。」可是，不嚴守截稿日，就不能發揮「火災現場蠻力」。

假設「九月一日是截止日」，如果一開始就想：「來不及的話，再延一個禮拜就行了。」那麼，就不會被逼入絕境，也就不會分泌正腎上腺素。

結果既不能守住截止日，也不能提高效率，會變成拖拖拉拉地做事。如果下定「九月一日一定要交出去，非遵守截止日不可」的決心，就能跟暑假結束前一天的小孩子一樣，發揮強大的效能。

【操作感情記憶術❸】

使用計時器就能提升工作能力——限制時間記憶術

設定截止日，給自己適度的壓力

雖說有「火災現場蠻力記憶術」，但有人並不是常常接到「有截止時間的工作」。這時候，即便是一般的工作，也只需自己決定截止日，限制時間，就能創造出有點緊張的狀態。

「一個小時就要做完這份資料！」做如此強硬的決定，放手一搏，就會分泌正腎上腺素，提升集中力，發揮超越平日的工作效率。

此外，限制時間就會有玩遊戲的感覺，可以做得很開心。像這樣設定明確的目標，也會分泌多巴胺，可以因此獲得提升集中力以及增強記憶力的效果。

加班時，要想著：「在九點前結束這個工作，一定要在九點回家。」而不是想著：「做完工作就回家。」光是這樣就能提升工作效率，把原本會拖拖拉拉做到十點的工作在九點前做完，早早回家。

在工作或記憶什麼時，最好也限制時間。

限制時間時，我會使用電腦的計時器ＡＰＰ。決定「十分鐘完成！」就設定十分鐘的計時器，開始倒數。光是這樣，就有玩遊戲的感覺，真的可以開開心心地工作。

另外，在寫「待辦清單（TO DO LIST）」的時候，我會在各個項目分別寫入三十分鐘、六十分鐘等限制時間，或寫下「到下午一點時為止」之類的結束時間。

總之，不決定結束時間或限制時間，工作就會拖泥帶水。

過度使用「火災現場蠻力」會得憂鬱症？

分泌正腎上腺素，就能提高記憶力，同時，也能提升集中力、注意力，增進學習效率、工作效率。

正腎上腺素可以說是「火災現場蠻力」的來源，既然如此有效，大家難免會每天都想仰賴正腎上腺素的力量，但必須小心使用。若每天、每個禮拜都被截止日追著跑，完全沒有時間休息，不算輕度的壓力就會維持好幾個禮拜。這樣的狀態繼續下去，就很難不得「憂鬱症」。

以腦科學來說，「憂鬱症」是正腎上腺素不足的狀態。正腎上腺素是當我們有壓力時，會分泌的「緊急救援物資」。若是每天持續使用，總有一天會枯竭。這就是「憂鬱症」的狀態。

我在截稿日的前一個禮拜左右會閉關。但是，稿子寫完後，會安排一到兩週的休養時間，去旅行轉換心情。

分清楚事情的輕重緩急，能最快完成工作。

【操作感情記憶術❹】

壓力是記憶的大敵——消除壓力記憶術

壓力太大會降低大部分的腦部機能

非常短時間內的壓力，會有提神藥物般的緊張效果，提升大腦的各種機能。但是，壓力一旦長期化，會對大腦造成不良的影響。

壓力過大，工作記憶體與長期記憶就會低落，集中力與學習能力也會下降。也就是說，壓力會使腦部大部分機能下降。

那麼，為什麼人有壓力，記憶力和學習能力就會下降呢？

壓力持續下去，就會從副腎皮質分泌出稱為腎上腺皮質醇（Cortisol）的壓力荷爾蒙。「海馬」是保存記憶的地方，也可以說是把「短期記憶」置換成「長期記憶」的記憶控制中心，存在很多腎上腺皮質醇的受體。正因為比大腦其他部位存在更多的腎上腺皮質醇的受體，所以海馬不太能承受壓力。

腎上腺皮質醇會分裂儲藏記憶的神經元網，並阻止海馬產生新的神經元。

因壓力而增加太多腎上腺皮質醇的結果，就是短期記憶、長期記憶，甚至連新事物的學習能力都會受到阻礙。

憂鬱症的患者，有時會被診斷出「記憶障礙」。病癒後被問到因為憂鬱症太嚴重而請假沒工作時的事情、或住院時的情形，有時會「完全不記得」。腎上腺皮質醇對海馬的不良影響，就是有可能引發這種重度的記憶障礙。

壓力會破壞腦細胞

有一定時間的壓力，會對記憶產生正面作用，但壓力慢性化、長期化，就會對記憶產生顯著的不良影響。當壓力深化、長期化，腎上腺皮質醇就會對海馬造成嚴重的傷害。

總而言之，受到壓力，海馬的細胞就會死亡。

這是以創傷後壓力症候群（ＰＴＳＤ）為對象的多項研究的結論。

調查在東日本大地震之前就住在仙台市內的大學生三十七人的海馬大小，做地震前與地震後一年的比較研究。結果顯示，右側海馬的體積約小百分之五。可推知是地震帶來的壓力，導致海馬的神經細胞死亡。

在美國研究調查越戰歸來的士兵，也發現海馬極端萎縮，可推知是受到戰場壓力的影響。研究調查幼兒時期被虐待過的人，也同樣發現海馬萎縮了。是長期的壓力殺死海馬的細胞，導致海馬萎縮。

這些都是調查極端案例的實驗，但日常的壓力、職場的壓力等，也會使腎上腺皮質醇上升。

要提高記憶力、學習能力，最起碼必須做到的事，就是從平時做起，過著絕不累積壓力的生活、聰明地抒解壓力。

【操作感情記憶術❺】

記憶討厭因循守舊——好奇心記憶術

從人類的進化來思考，行動也該保有好奇心和求知欲

午休外出用餐時，你是「去常去的店吃常吃的套餐」這種類型的人？還是「有新店開張就進去吃吃看」這種類型的人？

發現新店就進去吃吃看的人，有挑戰精神，記憶力會比較好。

我是那種在行動範圍內發現新店，就非馬上進去瞧瞧不可的類型，知道我家附近開了新店，大約一個禮拜內就會去。問我為什麼？我也很難回答，應該是好奇心的驅使吧。

其實，「好奇心」會增強記憶力，「因循守舊」會降低記憶力；與記憶力有密切關係的感情，就是「好奇心」。

那麼，「好奇心」為什麼有增強記憶力的效果呢？

譬如，午餐時去了從未去過的店，或者，在常去的店挑戰了從未點過的菜，

這時海馬就會釋放出名為西塔波（Theta wave）的腦波。海馬釋放出西塔波，記憶力就會亢進。能讓海馬在記憶方面發揮最大效能的頻率，就是西塔波。

在生活中保持好奇心、求知欲，海馬就很容易釋放出西塔波，增強記憶力。

生物走出自己的地盤，不經意地走入從未去過的場所，或是遇到從未遇過的外敵，為了避免今後發生同樣的危險，就會清楚記住這個新場所及狀況。不只人類，所有生物都必須「比平時更清楚記住新場所」，否則會被敵人殺死。

也就是說，我們的大腦具有更容易記住「新場面」的特性，這是一種進化上的特性。

平時就不斷挑戰新的事物，相信自己的好奇心，跟著好奇心行動，可以說是增強記憶力的重要生活習慣。

【操作感情記憶術❻】

換個地方就能活化海馬——咖啡店工作記憶術

把諾貝爾獎的發現活用在工作上

寫書寫一上午。下午兩點左右去吃午餐，用完餐繼續寫。然後，換其他家咖啡店，再繼續寫幾個小時——這就是我的寫書形態。

通常集中時間寫三個小時，就會累到寫不下去的「寫書」工作，只要邊換地方邊工作，就能重整集中力，再持續寫好幾個小時。

去咖啡店，也一定會看到學生攤開課本或題庫讀書。其實，光是在咖啡店讀書，就能提升記憶力。

去咖啡店，就能順利完成工作；去咖啡店，就能提升記憶力。這是因為換個地方，就能活化海馬。

海馬這個部位，在腦內與「記憶」、「學習」、「資訊處理」密切相關。海馬裡面有所謂的「位置細胞（Place cell）」，光是換個地方，就能刺激這裡的「位置細胞」，使海馬釋放出西塔波。如前所述，西塔波是會使記憶力亢進的頻率。

也就是說，只要換個地方，便能活化海馬，提升記憶力，進而提升學習效率、工作效率。

這是個劃時代的卓越發現，而發現「位置細胞」的約翰・歐基夫博士（John O'Keefe）與其研究夥伴，在二〇一四年榮獲諾貝爾生理學、醫學獎（Nobel Prize in Physiology or Medicine，通稱醫學獎）。

去買個罐裝咖啡就能提升記憶力？

像我這樣一間接一間換咖啡店，藉此「改變工作的地方」，是刺激「位置細胞」最好的方法。但是，在公司面對桌子工作的上班族，很難這麼做。

這時候，可以離開自己的座位，去休息室的自動販賣機買罐咖啡再回來，光這樣也能刺激「位置細胞」。

也可以換到空的會議室做事務性工作，前往這些地方時，不要搭電梯，試著走樓梯，在屋內繞來繞去走路也有效果，去廁所應該也不錯。

像這樣稍微換個地方，都可以活化海馬。

「位置細胞」不僅是換個地方就會受到刺激，而且是被輸入的資訊越多，受到的刺激越大。因此，在「屋內」走，不如在「屋外」走。去從來沒有去過的地方、第一次去的地方，會更有效果。

如前面所說，在新開的餐廳用餐，無論從「好奇心」的角度來看、或從「位置細胞」的觀點來看，都是我活化海馬的方法。

或是去旅行，也能造成強烈的刺激，因為可以持續看到沒看過的風景。海馬討厭「因循守舊」。

在同一個地方、長時間平淡地做著同樣的事，會大大降低記憶效率、學習效率、工作效率，必須注意。

【操作感情記憶術7】

「樂在其中」就能輕鬆記憶——快樂記憶術

「愉快」的心情可以增強記憶力

「不會讀書的人」的最大原因是什麼?是「頭腦不好」、「記憶力不好」、「背的能力不好」嗎?不,全都不是。

起碼智商在出生後,甚至二十歲以後,都可以繼續成長。說「我天生頭腦不好,所以不會讀書」,不過是給自己找偷懶的「藉口」。其實,「不會讀書的人」的最大原因是「討厭讀書」。或許有人會說:「這不是倒因為果嗎?」認為是不會讀書,才會討厭讀書,這也是錯誤的想法。

勉勉強強地讀書,不會存在記憶裡。快快樂樂地讀書,就能存在記憶裡。「不會讀書的人」,都是勉勉強強地讀書,因此,再怎麼讀都記不起來,再怎麼用功,成績也不會進步。

在苧阪滿里子所寫的《健忘的腦科學:最新認知心理學解開記憶之謎》

一書中，介紹了使用邊讀文章邊記單字的「閱讀廣度測驗（Reading Span Test）」的實驗。讓實驗對象閱讀「正面文章」、「負面文章」、「不正面也不負面的文章」，並背文章裡面的單字。經過一段時間，測試他們記得多少各篇文章裡的單字，結果顯示記得最多的是「正面文章」裡的單字。正面文章會挑起「愉快」的心情，事實上，這個「愉快」的感情，會增強記憶力。

當我們感覺「愉快」時，就會分泌多巴胺。我要再說一次，多巴胺有增強記憶力的作用；反之，當我們感覺「難過」、「痛苦」時，就會分泌壓力荷爾蒙腎上腺皮質醇。少量的腎上腺皮質醇，有增強記憶力的作用，但每天都覺得「難過」、「痛苦」，會對海馬產生不良影響，導致記憶力下降。

假設這裡有兩個IQ相同的人。A很愛讀書，B很討厭讀書。試問，讓他們兩人背五十個單字，誰的成績會比較好呢？

A很愛讀書，所以會快快樂樂地背單字。

B很討厭讀書，所以會背得很痛苦。

誰會交出好成績，不用說也知道吧？

就記憶來說，是否「快快樂樂」地記憶，要比「頭腦好不好」更重要好幾倍。所以，讀書時不可以勉勉強強地讀，必須「快快樂樂」地讀，多巴胺才會提供支援，提升我們的記憶力。

要讓「頭腦變好」是有可能，但很難在一朝一夕做到；而「快快樂樂」地讀書，是從今天起就能做到的事。

把「討厭讀書」變成「喜歡讀書」的方法

想要快快樂樂地讀書有個方法，就是採取前面所說的「計時器記憶術」與「對戰成績記憶術」之類的讀書方式，把讀書變成遊戲。

任誰都有「拿手的科目」與「不拿手的科目」。乍看之下，讓不拿手的科目從五十分進步到七十分，似乎比讓拿手的科目從八十分進步到九十分更容易，所以學校或補習班的老師，都會提供「克服短處」的戰略。但是，讓「討厭讀書」的人一直讀不拿手的科目，會讓他更討厭讀書。

喜歡讀書的人可以從「克服短處」著手，但討厭讀書的人最好從「發展長處」著手，先讀得意的科目，感受「讀書的樂趣」。即便是討厭讀書的人，在讀拿手的科目時，應該也不會太痛苦。培養出自信後，說不定會開始想：「讀書很有趣！」、「也挑戰不拿手的科目看看吧！」那就太好了。

「勉勉強強」變成「快快樂樂」，就會釋放出多巴胺。這麼一來，記憶力就會突飛猛進，讀書成績也會有令人開心的進步。

讀書就快快樂樂地讀吧！快樂地讀，記憶力就會大幅提升，讀書就會越來越快樂。樂在其中，就會邁入提升記憶力和成績的螺旋式上升（upward spiral）。

「快快樂樂」地讀便能「輕鬆」地記憶，這就是「快樂記憶術」。

刪除不幸的記憶，寫入幸福的記憶——移植記憶術

記憶可以操作？電影《全面啟動》的衝擊

看完李奧納多・迪卡皮歐主演的電影《全面啟動》（INCEPTION），我受到強烈的衝擊。情節是描寫侵入人的夢中「移植記憶」，雖然是科幻的虛構故事，但記憶的移植並非全然不可能。

換言之，可以說我們經常自己選擇日常中對自己比較有利的記憶，自己重組記憶。

譬如，學生時代的同學，被霸凌的一方，一輩子都不會忘記被霸凌的事；但霸凌的一方，很快就忘記了。相反地，幼年時期遭遇的家庭暴力體驗，長大後卻有可能忘記。就像這樣，我們的記憶會被加工成對自己有利的狀態。

我們可以自己選擇自己的「記憶」，也可以自由自在地重寫記憶、或刪除記憶。

若自己的回憶全都是「快樂」的回憶，那就是快樂幸福的人生；若全都是「痛苦」、「難過」的回憶，那就是不幸的人生。

即便是完全相同的人生，也有人幸福、有人不幸福，端看自己把什麼樣的體驗留在記憶裡。

重要的是，我們可以自己選擇自己的記憶，也就是可以自己選擇自己的人生。你要選擇「幸福的人生」或是「不幸的人生」呢？在本章的最後，將敘述自己改寫記憶的「移植記憶術」。

你要選擇「幸福的人生」還是「不幸的人生」？

「幸福的人生」與「不幸的人生」二選一，按理說不會有人選擇「不幸的人生」，但就是會有人無意識地選擇「不幸的人生」。說白了，那就是精神科的病患。

精神科的患者會在不知不覺中，自己把「痛苦」、「難過」的體驗移植到自己身上。若回想過去，都是「不好的回憶」，完全想不起快樂的事，那就很難不生病了。

隔兩週再來看門診的患者，會滔滔不絕地訴說這兩週以來的「狀況不好」、「痛苦」、「難過」的症狀。很多人認為，這時會認真傾聽患者訴說痛苦、難過的醫生才是名醫，其實不對。

聽完患者的痛苦告白就結束看診，等於是讓患者越發把「痛苦的體驗」移植到自己身上。只是認真傾聽患者的話，反而有可能使患者的病情惡化。

我在看診時，也會先傾聽患者的痛苦。但是，我會適可而止，開始跟患者聊「狀況不錯的事」、「現在能辦到的事」、「比以前改善的事」。然後，讓患者自由述說「快樂的事」。最後，再做這樣的總結：「你的症狀慢慢改善、好轉了。」

讓患者說出痛苦的體驗，就是所謂的「語言化」。我在前面說過，「語言化」會增強記憶。所以，只專心傾聽患者的「痛苦的話」，很可能會變成把「我不舒服」、「我的狀況不好」、「我的病絲毫沒有好轉」移植到患者身上。

因此，我聽完患者的痛苦體驗，會再讓患者說出勝過痛苦體驗的快樂體驗。這樣可以讓患者加強「我的狀況變好了」、「這個禮拜竟然沒出現痛苦症狀」、「我的病慢慢好轉了」的印象，帶著微笑離開診間。

「煩惱諮詢」其實不能抒解壓力

我經常在咖啡店工作，在那裡會聽見各種人的對話，最常聽見的是女性的失戀經過。一個是男朋友突然提分手的失意女性，一個是傾聽的朋友。兩個人談了兩個小時，都在講同樣的話，最後當然沒有結論。

找人諮商的女性，神清氣爽地離開了咖啡店。這樣可以讓她的壓力煙消雲散當然很好，但是，就怕她隔天還會再去找其他朋友講同樣的話。

把「痛苦的體驗」說出來，精神會得到解脫，可以抒解壓力。應該有很多人都是這麼想吧？認為把失戀的體驗告訴朋友，就能放鬆心情，也能療癒心靈的傷口。很遺憾，這是錯的。

今天，去找A，談失戀的事。

三天後，去找B，同樣談失戀的事。

下個禮拜，又跟C說失戀的事。

請回想「一三七記憶術」。一週內複習三次，就會留在記憶裡。「把失戀的事告訴朋友」，就等於「複習」。她正是以「一三七記憶術」的時機向朋友訴說，所以，失戀的回憶會被清清楚楚地、活生生地、長期地留在記憶裡。這麼一來，就不可能輕易地遺忘失戀的傷痛了。

女性喜歡聊天，所以即使是同樣的事，也有遇到不同的人就一再重複的傾向。她自己或許以為這樣可以「抒解壓力」，其實完全是反效果。

這麼做，就像把刀刺進自己的心靈傷口，挖掘傷口，翻攪開始癒合的傷口，與抒解壓力完全相反，是在替自己「移植傷痛的體驗」。

壓力只抒解一次就結束的「一次法」的驚人效果

「痛苦體驗」的告白，不能抒解壓力。那麼，該怎麼做才好呢？

想把失戀的體驗、工作上的失敗，說給別人聽，藉此抒解壓力，在日常生活中是常有的事。這時候，請「說一次就好，說完就忘記」。

假如，今天在工作上犯了一個大錯，那麼，就跟同事去喝酒，把那件事徹底地說出來，發洩情緒。說完後，就把那個體驗忘光光吧。隔天絕對不要再重提那件事。一次聚會喝酒，就結束壓力的抒解。

為了「忘記」，假借酒的力量也是合情合理。「酒」這種東西，會降低記憶力，所以要注意喝法。但是，在說「討厭的體驗」時，酒一下肚，就會有「減弱記憶的效果」。簡單來說，就是即便全都說出來，也可以藉酒降低這個體驗被強烈記憶的風險。

藉著酒膽，把「討厭的體驗」說出來一次，就全部忘光光。這種只說一次就忘記的方法，我稱為「一次法」。這個方法的效果絕佳，但必須從平時養成「一次就忘記」的習慣，否則得不到真正的效果。

什麼是使用SNS得到幸福的方法？

把討厭的回憶忘得一乾二淨的方法，我已經說過了。那麼，有沒有方法移植「快樂的記憶」呢？

那就是把今天發生的快樂的事，發表到SNS上！如果你有在使用臉書，那麼，你說不定正在實踐這個方法。與朋友的快樂聚會、吃美食的照片、旅行途中的美麗風景等……不是多感人的體驗也沒關係，只要是「小小的快樂」都行。

似乎也有不少人，在臉書看到別人「快樂的發文」、「幸福的發文」，就覺得生氣、非常厭惡。看到成功的人、快樂的人的發文，有一種人的反應是「恭喜」、「太好了」，還有另一種人的反應是「眼紅」、「不甘心」、「生氣」、「怨恨」、「羨慕」、「嫉妒」。

比自己幸福的人、比自己成功的人、比自己收入多的人、比自己一帆風順的人，恐怕光日本人就有幾千萬人。每次見到那樣的人、看到那樣的人發文，就覺得「羨慕」、「不甘心」、「生氣」，那麼，今後的人生就會一再被這種負面情感操控。

說得出「恭喜、太好了」的人，是對那些人抱持著敬意，自然會湧現想模仿「一帆風順的人」或想向那個人學習的念頭。結果，會在無意識中仿效，自己也漸漸成為「一帆風順的人」。

「怨恨」、「羨慕」、「嫉妒」模式的人，會在精神上排斥對方，所以不會想從對方學習，會耗費毫無意義的心力，試圖把那個人拉下來。網路上的謾罵留言就是這樣，這種行為不可能對「成長」有幫助，所以這樣的人永遠無法擺脫眼前的狀況。

喜歡發表誹謗、中傷、不滿、謾罵文章的人，每天發表這樣的文章，就會提升成為「負面」收集者的才能，每天都只看到負面的事。把注意力集中在他人的不幸上，就會成為給自己找不幸的名人。

倘若，最近一週內，有五件快樂的事，有五件難過的事。
那麼，對你來說，這是幸福的一週嗎？
只注意五件快樂的事的人，會覺得這是「超幸福的一週」。
只注意五件難過的事的人，會覺得這是「超不幸的一週」。
一天發表一次「快樂」文章的人，會成為找「快樂」的名人，人生越來越快樂。一天發表一次「誹謗、中傷、不滿、謾罵」文章的人，會成為找「痛苦」的名人，每天都在想「我的人生為什麼盡是這麼不幸的事」。
把今天發生的快樂的事發表在SNS上，就能把正面記憶移植到自己身上。養成習慣後，連思考方式和行動都會變成正面。
臉書對任何人來說都是相同的系統，但發表的文章不同，結果就會有一百八十度的改變。下一章會更進一步，說明改變你人生的SNS的使用方法。

第五章

獲得無限的記憶
——社交記憶術

不要拘泥「腦內記憶」，將記憶力無限放大——「記憶外化戰略」＆「社交記憶術」

將網路資訊當成腦內資訊活用

電影《攻殼機動隊》（GHOST IN THE SHELL）是由士郎正宗的漫畫原作改拍而成，導演是押井守。在近未來的世界，電腦化的人的脖子後面都有「插頭」，從那裡直接連接網路，無縫接軌地處理龐大的資訊；也就是說，可以把網路上的資訊，完全當成自己腦內的資訊來處理。

看完這部電影，我覺得「太棒了！」。因為電影是在一九九五年上映，這一年可以說是「window95」上市的電腦普及元年。而且，原作是在一九八九年出版。在網路尚未普及的時代，能想出這樣的劇情，著實驚人。

那之後經過二十年的現在，令人驚訝的是，《攻殼機動隊》的世界幾乎都成了現實。我們拿著稱為「智慧型手機」的「插頭」，不管是在搭電車時、走路時、上廁所時，都可以二十四小時存取網路資訊。

現在只差不是頭腦直接連接插頭，但一樣可以隨時存取網路資訊，當成自己腦內的資訊，自由處理。就這點來說，幾乎實現了《攻殼機動隊》的世界。

若是可以把網路資訊當成自己腦內的資訊活用，**我們的「記憶力」就能在現實上放大到無限**。這種電腦記憶的活用方法，我會在這一章，以「記憶外化戰略」與「社交記憶術」為主軸做說明。

「記得」表示「想得起來」

我在前面說過「我們的體驗有百分之九十九會忘記」，但是，只要有契機，就能想起很多事。

打開相簿看看十幾年前的照片吧，你應該會馬上想起：「這是高中一年級暑假拍的照片！」

人類的記憶在「想起來」（想出來）的這方面，容易受到阻礙，但是，「記憶」本身會被保存在腦內的底部深處很長一段時間。

只要有想起記憶的「契機」，也就是「記憶的索引」，就能輕易地想起來。相簿裡的照片或以前寫的讀書感想、字條、筆記，都會成為很好的「記憶索引」。

記憶有「銘記（符碼化）」、「維持（儲存）」、「想起（檢索）」三個過程。簡單來說，就是「背、記憶」、「持續記憶」、「想出來」三個步驟。

說到記憶，「想出來」非常重要。「想得出來」表示「記得」。在考試等緊要關頭必須能夠「想起來」，否則再怎麼「銘記」、「維持」，都不能說是「記得」、「有記憶」。

一年前讀的書，或許不能馬上說出內容。但是，看一遍自己以前寫的「感想」，就可以馬上想起詳細內容，實質上不就等於「記得」嗎？

只要能瞬間想得起來，不管把資訊保存在「腦內」或「腦外」都一樣。在可以瞬間檢索、想起資訊的狀態下，要把記憶存在「腦外」或存在「腦內」，實際上都沒有任何差別。

只要有智慧型手機、電腦等網路環境，使用「檢索」機能，就能在十五秒或三十秒內存取各種資訊。

現在我們的大腦，等於是與網路連結。在這種狀態下，付出龐大的時間與努力去記憶，亦即「把資訊保存在腦裡」，是非常沒有意義的事。

除了測驗、考試等禁止作弊的特殊情況外，所有上班族都可以使用「腦外」記憶，不會有問題。

記在大腦裡的時代結束了，「記憶」不如「記錄」！

把SNS等網路上的紀錄，當成自己的記憶活用的時代來臨了。拘泥於「腦內記憶」的人，毋庸置疑會被時代淘汰。從下一個項目開始，我將說明不靠自己的腦內記憶，把記憶「外化」的五個戰略。

【記憶外化戰略❶】

優先記錄自己的「發現」

去記可以檢索的東西，是時間與勞力的浪費

有人說：「不知道的東西，在Google檢索就知道了。」這個說法完全錯誤。有東西在Google檢索也檢索不出來，那就是你的「體驗」，以及你從中得到的「發現」。

如果你只讀了書，什麼也沒做，卻有你的感想文發表在網路上，那就太恐怖了。可以在網路上看到某本書的大約內容、大綱、目次，但是，你讀過那本書的「感想」、你的「發現」，除非你自己寫，否則絕對不會出現在網路上。

在幾乎所有東西都靠檢索就能知道的時代，沒有必要去記書裡的內容或年號、統計數字等「資訊」。但是，你的「感想」和「發現」不記下來，在三個月、半年後、或一年後，就會從你的記憶消失。

有很多人猶豫不決，不知道該在網路上寫什麼，寫他人在網路上找不到的

東西，亦即你的「體驗」以及從中得到的「發現」就對了。那是只有你能寫的獨一無二的內容，檢索也檢索不到。

像這樣，把「發現」記錄下來，就能激發爆炸性的成長。反之，忘掉這樣的「發現」，不管讀了多好的書、有過多好的體驗，都沒辦法自我成長。

聽到「記憶力」、「記憶術」，很多人都會想到怎麼背、怎麼記課本、參考書吧？然而，身為作弊也ＯＫ的社會人士，並不需要這種記憶術，這麼說一點都不為過。

重要的是，能記住多少屬於自己的體驗、自己的發現，當成自我成長的肥料，轉化成自己的血與肉。

你的「記憶力」必須在這個部分徹底動員起來，所以要進行體驗、經驗、發現的「外化」。記憶瞬間就能檢索的一般內容，是時間與腦空間的不可估量的浪費。

【記憶外化戰略❷】

「記錄」就能喚醒「記憶」

一年後百分之百記得「發現」的方法

「記憶」這種東西很不可靠。你讀完這本書，一個月後會記得多少呢？半年後、一年後，又有自信可以記得多少呢？恐怕剛讀完時的發現，已經失去百分之九十了。花好幾個小時讀書，卻失去了百分之九十的記憶，這是效率多麼差的讀書方法啊。

但是，有方法可以百分之百記住讀完書後的發現。人類的腦結構，就是會遺忘被輸入的資訊的百分之九十九，一般認為不可能記住百分之百。

然而，並不是不可能，而且方法非常簡單。

一言以蔽之，就是「記錄」。

邊讀書邊畫重點線、邊在空白處寫字，有什麼發現就全部寫下來；或者，在讀完書後，在筆記本上「潦草書寫」，把你的發現、感想、靈光乍現全部寫下來。最後，把寫下來的東西整理成文章。做到這種程度，應該就能寫出把你看完書後的主要發現全部放進去的感想。

一年後，試著回想這本書的內容吧。恐怕一時之間會想不出來，但是，重讀自己寫的「感想」，就會瞬間喚醒當時讀這本書的記憶。因為寫成了一篇正式的文章，所以能輕易想起讀完書後的種種發現。

在看完一年前自己寫的「感想」後，應該沒有人會說「我不記得讀過這本書，也不記得寫過這篇文章」吧。

【記憶外化戰略❸】

不斷將想法、發現「外化」，不斷留在記憶裡

永遠留在記憶裡的方法

把自己的「體驗」、「發現」、「想法」，都記錄在外側，而非頭腦裡。

我試著尋找有沒有一個詞可以概括說明這句話，結果認識了「外化」這個詞，是「後設的認知（meta-cognition）」的用語。

「外化」的定義，是把自己內部的想法、意見，透過文章、語言、圖案、插畫等表現在外部。

所謂「後設的認知」亦即「認知的認知」，就是認知自己的認知過程。客觀地洞察自己在想什麼的能力，稱為「後設的認知能力」，是靠自己本身的力量解決問題或完成課題的重要能力。

怎麼做才能認知自己本身呢？那就是「外化」。

把自己腦中的想法暫時外放，做紀錄表達出來，自己就能客觀地重新審視

那些想法。

把自己的想法、意見、發現、靈光乍現都寫下來吧！讀了書、看了電影、踏上了旅程，就把感想寫下來吧！把自己的體驗記錄下來吧！這就是「外化」。

與本書提到的「輸出」相似，但也有「說話」這種不會留下紀錄的輸出。要做輸出並留下紀錄才叫「外化」，所以「輸出」與「外化」並不相同。

一言以蔽之，本章的重點是「外化就能留在記憶裡」。

不可估量的六個外化優勢

進行外化，會有哪些優勢呢？

①可以自己客觀地掌握自己在想什麼。
②可以依據自己的思考改變行動。
③可以反饋（feedback）自己本身，所以能夠自我成長。
④可以讓他人理解自己在想什麼。
⑤可以產生交流，並與他人產生共鳴。

⑥可以具體保管、保存自己的思考，亦即留在記憶裡。

像這樣外化，就能更深入地洞察自己，進而自我成長，並取得他人的理解、共鳴。更可以把自己的思考和體驗深深刻劃在記憶裡，有數不盡的好處。

重要的是，不管你有多美好的想法和意見、或有多豐富的經驗和知識，如果不「外化」，也就是不告訴任何人，只留在自己心裡，那麼，不會有人理解，也不會有人給你評價。

況且，再美好的想法、再貴重的體驗，只要留在頭腦裡面，那個記憶就會不斷退化，忘掉百分之九十九。

反之，把你的美好想法和意見，以及有原創性的經驗和知識都外化，不但能加速你的自我成長，也能讓他人認同你。

【記憶外化戰略❹】

把SNS當成第二個大腦

在三十秒內回答任何問題可能嗎？

我在YouTube頻道，有個名叫《精神科醫師．樺澤紫苑頻道》的節目，幾乎每天都會更新。雖是一部只有兩到三分鐘的影片，但一個月持續三十部，已經上傳了五百部以上的影片。

每次我都會請觀眾到攝影現場，因為有人聽會比較好說話。另外，我會請參加者發問，我現場回答，以這樣的形式拍攝。來YouTube拍攝現場的觀眾，幾乎毫無例外都會驚訝不已。

因為我聽完觀眾的發問，沉默三十秒後就會說：「我準備好了。」一立即開始影片的拍攝。基本上，都是一鏡到底，沒有重拍過。短短三十秒，我就以飛快的速度構思三分鐘影片要說什麼，很快說起了有起承轉合的內容。

無論任何發問，我都可以在三十秒內毫無準備地回答出來。大家看到這樣的速度，似乎都很驚訝，但說穿了，我做的事其實也沒那麼厲害。

我會請參加者現場臨時發問，但截至目前為止，我還沒遇過從來沒聽過的問題。發問、疑問、煩惱都有一定的形態，大家苦惱的東西都差不多。

這十五年來，我持續在網路上發布訊息，光電子報就發行了三千份以上，還每天在臉書寫報導，包括網站的報導在內，應該寫過五千篇以上的報導了。

也就是說，我寫過五千個不同的話題。所以，大致來說，我可以回答五千個問題。因為在我的腦內，五千個「Q&A」都已被轉化為資料庫了。

把SNS當成外接硬碟

當參加者發問時，我就會想「好像在哪聽過這個問題」，開始在大腦裡「檢索」。通常都會連結到腦內資料庫的檢索結果，譬如「是以前在電子報寫過的東西」、「是以前在出版的書裡寫過的東西」。

曾經彙整成文章的東西，要歸納重點講兩到三分鐘，是很簡單的事，因為原稿早就寫好了。

或許有人會想：「把五千份資料都記住，需要多好的記憶力啊。」其實，我平時完全沒有感覺到這些資料的存在，甚至應該說「都忘記了」。是「參加者的發問」成為「記憶的索引」，把被繩子綁在那裡的「過去的內容」拖出來了。

另一個重點是，那些內容全都被寫成文章，上傳到網站上了。然而，我並不是在電腦檢索出網站上的東西，重新看過再拍攝影片。

不可思議的是，給我三秒鐘，我就能想起自己寫過的文章。當想到「這是我三個月前在電子報寫的東西」時，檢索結果就會如同瞬間顯現在電腦螢幕上那般，清晰地浮現在我的頭腦裡。

剎那間，我便能想起網站上的內容。能做到這樣，是因為我「把內容上傳到網站上」了。

為什麼「把內容上傳到網站上」，就能記得住?可以留在記憶裡的網站內容寫法、上傳方法，將在下面做說明。

寫在SNS或電子報上的過去的內容，如同與自己的大腦直接連結的「外接硬碟」，可以無縫接軌地、愉快地使用。也就是說，可以把寫在SNS或網路上的內容當成「第二個大腦」，靈活地運用。

【記憶外化戰略⑤】

不知道就查

社會人士可以盡量作弊

高中入學考、大學入學考或期中考、期末考等學生時代的考試，必須仰賴記憶力，靠自己的力量答題。考試時看課本或資料就是「作弊」，會被嚴懲。

但是，成為社會人士後，不能看任何書或資料，必須完全靠自己的記憶解決的狀況會越來越少。或許也有社會人士會參加晉升考試或資格考試，但是，在一般業務上，可以查任何資料、看任何東西。有「作弊的自由」，可以說是社會人士的法則。

學生時代會有「好想作弊！」的衝動，但成為社會人士後就馬上忘了。

「為什麼沒讀業務手冊！」

「這麼基本的東西要先查過書嘛！」

「昨天發的資料都沒看嘛！」

「不知道就先在Google檢索啊！」

像這樣，沒先看過書、或資料、或網站，而被罵得狗血淋頭的經驗，想必大家都有過。

人類是任性的生物，被禁止說：「不可以看參考書」就越想看，被說：「可以查任何參考書或資料」就突然不想查了。

記憶力不好，所以學校成績不好，也完全不必煩惱；成為社會人士後，幾乎用不到背的能力、記憶力，不知道的時候，查就行了。

社會人士有「作弊的自由」！我們是不是應該更靈活地運用如此美好的特權呢？

如何緊緊掌握從天而降的機會——料理鐵人理論

聽到「查什麼都行。」「看什麼都行。」很多人會不知道該參考什麼，會煩惱該在Google檢索框裡面輸入什麼關鍵字。

平時沒有習慣在網路上查資料或讀書的人，不會知道自己想要的資訊在網路上的哪裡，也不會知道寫在哪本書的第幾頁，根本連寫在什麼書上都不清楚。

說白了，被交代工作後才開始查，就已經太遲了。

精明能幹的人，都是隨時作好了準備。那麼，該作怎麼樣的準備呢？就是在頭腦裡擁有一座「廚房競技場（kitchen stadium）」。

我在《過目不忘的讀書術》裡也說過，根據「料理鐵人理論」，人的成功與否，主因在於「能不能構築廚房競技場」，其次才是頭腦與記憶力的好壞。這是很重要的訣竅，所以，請容我在本章做簡單的說明。

以前，有個名叫《料理鐵人》的節目。內容是以廚房競技場為舞臺，由道場六三郎、陳建一等料理鐵人與挑戰者，使用當天的「主題食材」進行烹飪賽。

廚房競技場的後方，擺滿了看起來鮮嫩欲滴的肉類、魚貝類、蔬菜等最高級的食材。而且，每種食材都排列得整整齊齊又漂亮，一眼就看得出來是什麼。開始烹飪的鐘聲一響，廚師們就要在不到一分鐘的時間內，把自己的料理所需要的食材收集完畢。

譬如，你的上司突然對你說：「可以在明天之前把這份文件整理好嗎？」可是，要整理那份文件，必須查閱很多相關資料和書籍。那麼，你會怎麼做呢？是在上司交付工作後才收集必要資料、資訊，有不足的部分再向 Amazon 下單嗎？這麼做，絕對趕不上明天的截止日。

你必須從平時就在頭腦裡架構好廚房競技場，因為被交付工作後，才開始收集資訊就太遲了。

平時就要把與自己的工作、專門性相關的大量知識和資訊，在自己的頭腦裡整理好，以便隨時可以取用。

有想做的事，就先作好萬全準備

以前，我參加過某個節目討論睡眠時間的專題。某天，突然收到電子郵件，問我可不可以參加節目，而且，錄影時間是後天。

我隔天、錄影那天都排滿了行程，但我還是想辦法騰出時間，決定參加。結果工作太忙，在錄影前只有三小時可以準備辯論的內容。三小時內要讀完辯論對手的書，思考該以怎麼樣的論據瓦解對方，篩選出大約二十項可以批駁的論點，整理成Q&A的形式。

話說，辯論結果如何呢？我是站在「短的睡眠時間絕對不行」的立場，以結論來說，我獲得了壓倒性的勝利（實際上是被編輯成以些微之差獲勝）。

這麼周全的準備，三小時就完成了，辯論也以壓倒性的優勢獲勝，為什麼？

理由是我平日就在頭腦裡，完整地架構出了關於「睡眠」的廚房競技場；否則，我沒辦法在幾乎沒有準備的狀態下參加談話性節目。順道一提，我是替代臨時不能參加的醫師，我的對手從更久以前就開始準備了，所以，一般人若是硬著頭皮參加，大概會一敗塗地，丟盡面子。

而我是精神科醫師，在大學研究過「睡眠」、「憂鬱症」、「自殺預防」、「失智症」，也寫過論文。關於這四個領域，我至今仍當成自己的專門領域，大量閱讀書籍，也會看最新的論文。我從平時就備好了相當程度的知識，與現任精神科醫師或腦科學家等此行專家辯論也絕不會輸。

現在可以寫這本書，也是因為在研究失智症時，大量閱讀了記憶相關書籍及論文。在這四個領域，我已經建立起屹立不搖的廚房競技場，所以也能應付臨時的電視邀約或寫書。

就是作好了這樣的準備，上電視時才能發表不會丟臉的言論，還可以反過來吸引電視的邀約。

有自己想做的事，就不要等事情來了再作準備，而是要預先作好現在就可以做到完美程度的萬全準備。

這就是「架構廚房競技場」的真正意義。

靈活運用SNS，留在記憶、記錄裡——社交記憶術

靠SNS留在記憶裡

我們要積極地把自己的體驗、經驗、發現、想法等外化，關於「寫」在筆記本、便條紙等紙上的外化訣竅，我已經做過說明。

在這裡，我們要思考的是，活用網路、SNS的「外化」方法。

【社交記憶術❶】

寫「日記」就能訓練記憶力——日記記憶術

每天可以輕鬆做到的記憶訓練

我想已經很多人有臉書或部落格，而把當天發生的事記錄下來當成日記，可以訓練記憶。

寫日記就是回顧當天一整天的事，邊回想邊把當天發生的事、對這件事的感覺和想法寫下來。這麼做可以當成「想起來」的訓練，活化頭腦；「日記」也被期許運用在預防失智症的訓練上。

所謂寫日記，就是作文、整理、彙總。如前所述，「整理、彙總」、「語言化」、「故事化」是記憶扎根的重要催化劑。

在ＳＮＳ上寫日記的人，前提就是要給別人看，所以不能寫便條紙或條例式的東西，寫得再短也要有成為文章的體裁。

也就是說，日記裡會寫入什麼人、什麼時候、在哪裡、做了什麼，所以是不折不扣的「故事化」。

今天一整天經歷的事，會成為「插曲記憶」被記憶下來。然而，並不是每天發生的事都會成為「插曲記憶」留下來。要自己選擇印象深刻的事並彙整成文章，才能複習那個「插曲」、強化記憶。當然，以後再重讀也會有複習的效果。

寫日記本身就有訓練記憶的效果。

被整理成日記的插曲，會強烈地留在記憶裡，即使忘記了，也會在重讀的瞬間想起來。

寫正面的日記就會幸福

日記還有另一個驚人的效果。

美國楊百翰大學的實驗結果顯示，光是寫正面的日記就會幸福。

實驗對象被分成兩組，寫四個禮拜的日記，一組只寫當天發生的正面事情，一組單純寫當天一整天發生的事情。

結果，「只寫當天發生的正面事情組」的幸福度與生活滿意度，都比「單純寫當天發生的事情組」高。

寫正面內容比較容易提高幸福度，所以在SNS寫日記時，最好以正面的事為主。

或許有人會說，自己的日子沒有那麼多「快樂的事」、「有趣的事」。但是，持續寫正面的日記，就能磨練感性，找出日常中的「快樂」與「有趣」的事。

「寫兩天前的日記」可以預防失智症

經常被提起的預防失智症的方法之一，就是「寫兩天前的日記」。兩天前，亦即經過兩次的睡眠後，暫時被保存在海馬區的資訊會變得非常薄弱，處於逐漸被遺忘的狀態。

要想起今天發生的事很簡單，要仔細回想起兩天前發生的事就很難了，所以可以訓練記憶力。

持續寫兩天前的日記，比每天持續寫日記更難。但是，在臉書或部落格寫日記，應該會有等同於「寫兩天前的日記」的效果。

我也很用心以寫日記的方式，把今天發生的事寫在臉書上，但有太多事要忙，有時沒辦法在當天發表。這麼一來，就會變成把兩、三天前發生的事寫成報導發表。結論是，毫不勉強地以平常心在SNS發表日記，就會因為偶爾更新得比較晚，得到幾乎等同於「寫兩天前的日記」的效果。

【社交記憶術❷】

臉書是自動複習裝置——動態時報記憶術

在SNS上發文，就會有「一週內複習三次」的效果

為什麼在SNS上發文，有利於「外化」呢？又為什麼在SNS上發文，就能更容易留在記憶裡呢？

這是因為在SNS上發文，會看到自己發布的訊息好幾次。就以臉書上的發文為例吧。

首先，我們在臉書上發布訊息。大約經過一個小時後，再登入臉書，生活動態時報的第一條通常會顯示自己的訊息。

幾個小時後再看臉書的畫面，倘若看到剛才發布的訊息有幾則留言，就會回覆留言。回覆時，腦裡一定要有「原訊息」的內容，否則無法回覆，所以會邊寫邊重看「原訊息」，或起碼會回想一下。

隔天，再登入臉書時，會想看昨天的訊息有多少人按讚或留言，所以又會

把昨天發布的訊息重看一遍。之後，還會有不同時間進來的留言，又要再邊回覆邊回想訊息。

一週內複習三次，就會留在記憶裡，這是「記憶的大原則」。在臉書發布訊息，絕對會在一週內與那篇訊息再接觸三次以上。

像這樣，在SNS發文，就會看到那篇訊息好幾次，自然會產生「重複」記憶的效果。

【社交記憶術❸】

「愉悅」、「快樂」會留在記憶裡——按讚記憶術

看到有人有反應就能持續下去

我若說：「做輸出就能留在記憶裡！」就會有人反駁說：「那麼，不在SNS上做輸出也可以吧？」

輸出只做一個月、兩個月，沒什麼意義。養成做輸出的習慣，才能促進記憶。想要明顯感覺到自我成長，必須持續一年以上。

以讀完書要寫感想的時候為例，買一本筆記本，把讀後感寫在上面，跟在臉書上發文一樣，也會有做輸出所帶來的促進記憶的效果。但是，沒有人看的「讀書筆記」，可以持續下去嗎？一個月、兩個月的短時間或許可以，但是，能持續半年、一年、甚或好幾年嗎？我想很多人都做不到。

那是因為沒有人有反應，既沒有人批判，也沒有人讚賞。持續寫讀後感也沒有人有反應，連你勤勞地持續寫著讀後感這件事，都沒有人會知道。恐怕沒

有人有這麼堅強的意志，可以孤獨地做這種事好幾年吧？

但是，在臉書上發文會怎麼樣呢？發布讀後感，會有人按「讚！」，也會有人留言。看到有人按「讚！」，就會開心地想：「啊，有人在看呢。」看到有人留言說「很受用」、「受教了」，就會更加雀躍。知道「原來這樣的文章也對他人有用」，就能激發動力。

SNS會把讀者的評價「可視化」，所以，就某方面來說也很可怕。但是，對於做優質的輸出的人來說，是令人振奮的媒體。

不給任何人看，自己一個人孤獨地做輸出，也很難持續下去。有人按「讚！」或留言、或分享，就是在獲得認同、支持、或鼓勵下做輸出，會大大提升動力，可以「繼續」下去。而且，可以「自我成長」。

要達到這個目的，該做的就是「在SNS上發文」。這是多麼簡單的輸出術啊！但效果絕佳。

【社交記憶術❹】

以輸出為前提輸入吧——就是要被看到的記憶術

「會被別人看到」的壓力可以提升記憶力

我說過，讀完書寫感想時，不論寫在臉書上或寫在只屬於自己的「讀書筆記本」上，都會有輸出帶來的促進記憶效果。但是嚴格來說，有很大的差異。同樣的讀後感、同樣的書評，寫在「讀書筆記本」上與寫在SNS上，得到的效果完全不一樣。

寫在SNS上，前提是「要被別人看到」、「要給別人看」。如果不想讓別人看到，不想給別人看，就不該在SNS上發文，或把發文設定為「不公開」。

「會被別人看到」的輕微緊張感，可以提升集中力、文章能力、記憶力。因為不知道誰會看，所以不會寫出爛文章，丟自己的臉。為了不想看到被否定的留言，也必須寫出有相當品質的文章。在「適度緊張記憶術」裡也說過，這樣的壓力會帶來恰到好處的緊張，使大腦分泌正腎上腺素，很容易留在記憶裡。

想到有五萬多人在看就會認真起來

我在二〇〇四年去美國芝加哥留學，待了三年。我是個電影迷，留學期間每週大約看四部電影，一個月看十五部以上。看了這麼多電影，都不做輸出就太可惜了。

於是，我開始發行電子報《發自芝加哥：電影的精神醫學》，記載我在美國看的最新電影的影評、電影的心理學分析、我的美國體驗記等。我到美國是四月，開始發行電子報是七月，開始發行後，我才想到：「糟了！」

我對自己的英文聽力沒有自信……去美國前我的英文已經學到一個水準，但還不到沒字幕可以聽得懂的程度。然而，看電影後寫影評的電子報已經發行了，我只能努力地聽。總之，就是集中全副精神，仔細聆聽每一個字。每次看電影，都是這麼認真。

結果我的聽力突飛猛進，去美國的第一年，大約可以聽懂七成到八成，第二年就可以聽懂九成以上了。

因為是我傾注全力發行的電子報，所以，在日本最大的電子報發行站「MAGUMAGU！」的「MAGUMAGU 電子報大獎」中，躋身全電子報綜合排名第三名，還獲得娛樂部門大獎，以及新人獎，一舉成為人氣電子報，讀者人數成長到五萬多人。

想到有五萬多人在看，就會認真起來。看完電影後，必須在電子報上寫文章，所以我會認真地聽、認真地看電影的故事、認真地聽臺詞、認真地記下來。去美國留學已經是十年前的事了，但當時看過的電影的內容，現在也還記得清清楚楚。連在哪家電影院、跟誰、在什麼樣的狀況下去看，統統都記得。

譬如，初到美國時看的電影是《航站情緣》，導演是史蒂芬．史匹柏，劇中不會說英文的主角讓我產生了共鳴；在萬聖節看的是恐怖電影《奪魂鋸》，劇情超難理解；跟美國人的精神科醫師同學一起去看的是《愛情不用翻譯》，我們還一起討論了劇中的心理學；在戶外電影節跟幾千人一起看的是《星際大戰四部曲：曙光乍現》，給了我超感動的體驗……不管哪一部電影，我都能清清楚楚地想起來，就像一個月前才看過。

以輸出為前提做輸入，就能留下強烈的記憶。

人在被監視的狀況下，能夠發揮更好的效能。

「必須做輸出」、「說不定會有很多人看」的壓力、適度的緊張，會促使正腎上腺素分泌，提升集中力、觀察力、記憶力。

【社交記憶術❺】

使用視覺資訊就能徹底記住——上傳圖像記憶術

視覺資訊容易留在記憶裡

很多人在臉書發文時，會同時貼上照片。從「留下記憶」的觀點來看，是非常好的做法。

因為照片、圖畫、插畫、圖表等視覺性印象，特別容易留在記憶裡。有實驗結果顯示，對實驗對象說明資訊並附上圖案，在七十二小時後做測驗，會比只做口頭說明更容易記住六倍以上的內容。

使用圖畫，特別容易留下記憶，這是非常重要的「記憶戰略」。自己畫插畫、或畫圖畫、或自己整理出訴諸視覺的圖表，就特別容易留在記憶裡。

經由工作記憶體的研究得知，「語言資訊」與「視覺資訊」是分別在不同的領域處理。

譬如，有一千個人要進入演唱會的會場時，如果只有一個入口，一定會大排長龍，造成混亂。這時候，把入口增加為兩個會怎麼樣呢？混亂會減少一半，就可以順暢地入場了。

大部分的人在背或記憶時，會以「語言」為中心做輸入；但是，都往「語言入口」一個地方塞，輸入的量會受到限制，很快就塞爆了。所以，最好能再利用另一個「視覺入口」，輸入效率會提升兩倍，不，應該會提升更多。

我在臉書發文時，一定會同時貼上「照片」或「圖」，因為這樣可以吸引讀者的目光，讓他們去看文章，然後留在自己的記憶裡。

照片、圖畫、表格、曲線圖等，會對視覺產生衝擊，所以容易留下記憶。靈活運用「視覺資訊」，不但能留在自己的記憶裡，也能留在讀者的記憶裡。按讚數、分享數增加，也能提升動力。

可以說是一石三鳥的發文形態。

【社交記憶術❻】

請減少輸入的資訊量——知識圖書館記憶術

輸入越多，留在記憶裡的資訊、知識就越少

現代颳起了資訊的狂風。

透過網路、智慧型手機，龐大的資訊向我們排山倒海而來。在電車裡、在等紅綠燈時、甚或在走路時，都要分出時間處理那些資訊。

我已經說過很多次，只看過一次的資訊，除非有相當大的情感波動，否則都會忘光光，這就是我們的腦的結構。

要接觸只會看一次的一百個資訊？還是要接觸三十個重要的資訊，隔一段時間再重看兩次（總共接觸三次）？如果花的時間總加起來一樣，在資訊收集上哪個比較有利呢？

一百個資訊每個都只看一次，幾乎都會忘記。

三十個資訊每個都看三次，幾乎都會記得。

這樣重複一年做看看。前者的頭腦會一片空白，後者會在頭腦內築起一座「知識圖書館」。

很多人以為，越增加輸入的量，留在記憶裡的資訊、知識就越多，可以加速自我成長。其實，完全相反。輸入的量越多，留在記憶裡的資訊、知識就越少。

因為時間有限，所以越增加做輸入的時間，就越沒有時間做輸出（複習）。沒有做過輸出的知識，幾乎都會忘記。

即使這樣，你也要增加輸入的量嗎？

你還想從早到晚拿著智慧型手機，被資訊與知識淹沒，繼續收集沒有生產力、也不能自我成長的資訊嗎？聽起來或許嚴厲，但我必須說那樣就像都不丟垃圾，不斷囤積垃圾的垃圾屋。

收集太多資訊的人，會在腦內築起沒有用的「資訊垃圾屋」。

收集嚴選過的資訊的人，會在腦內築起「知識圖書館」。

不要檢索檔案！

「垃圾屋」與「知識圖書館」的差別，在於資訊、知識有沒有整理過。有整理過，就能縮短取出資訊的時間。

只要能在十五秒或三十秒內想起自己寫的感想、發現，播放出來，那麼記在腦內或記在電腦裡或記在SNS上都沒有差別，這就是「外化」的重點。

這裡最重要的是「十五秒到三十秒」的時間限制，如果需要花三分鐘的時間，才能打開自己想要的文件，根本不能說是「記得」。或許很多人認為「以後再檢索就行了」，但檢索自己想要的檔案，有時也不能即時打開。

譬如，在我的電腦裡面檢索「記憶」這個關鍵字，會檢索出一千三百七十三個項目。從那裡面搜尋關於「記憶」的檔案，又要再花時間。

一般認為，「檢索」是節省時間，但我認為，在電腦裡面檢索是浪費時間。如果一開始就記得自己要的檔案在哪個資料夾裡，就能直接從資料夾打開文件，因為可以比「檢索」更快找到檔案。

所以，只要整理「檔案」或「文件」就可以了。

譬如，這本《不用記憶的記憶術》書裡關於「記憶」的原稿或是便條，我都收在「不用記憶的記憶術」這個檔案裡，而且依「文件」─「二〇一五執筆」─「不用記憶的記憶術」做分層管理，然後在「不用記憶的記憶術」裡建立名稱為「old」的檔案，把「處理過」的檔案都集中放在那裡。

想取出關於記憶的原稿時，打開「不用記憶的記憶術」的檔案，就能馬上找到目標檔案。像這樣，把檔案整理得井然有序，就能比檢索更快打開所要的檔案。

電腦裡的檔案，必須經常做整理。

電腦桌面上散亂著許多檔案，就不能把電腦裡的資訊當成「腦外記憶」，即時叫出來做參考。

【社交記憶術❼】

維持輸入與輸出的均衡——資訊均衡記憶術

重要的不是記住，而是加速自我成長

我說過不能做太多輸入，那麼，輸出是不是做越多越好呢？未必。輸入做太少，只努力做輸出，也只會做出空心的輸出。

譬如，那些每天更新，但寫的都是無聊文章，不值得一讀的部落格；另外，每個月都出書，但每一本都很薄的商業書籍作家，也是很好的例子。

要確保輸入的質與量，才能有好的輸出。在輸入與輸出維持均衡的狀態下，最能加速自我成長。

覺得「我學了很多卻都沒有成果」的上班族，幾乎都是輸入太多，輸出太少。

我要再三重複，不做輸出就會忘記。不做輸出，光做輸入，就像用漏勺去舀水。

常有人說：「我沒有時間做輸出。」來找我諮商。其實處理方法很簡單，只要刪減輸入的時間，增加輸出的時間就行了。

譬如，有人一個月讀三本書，因此幾乎沒有時間做輸出，那就像為了忘記而讀書。還不如把本數精簡到一本，專心做這一本的輸出。這樣更容易記住書中內容，同時也能帶動自我成長。

我寫這本書的目的，不是要增長大家的「記憶力」。我要說的是，只要做輸出，無論是誰都能留下記憶，與記憶力的好壞無關。

重要的是，不要受限於「記憶力」，增長寫文章的能力、表達的能力、組織的能力、解決問題的能力等「上班技能」，以加速自我成長。因此，要維持輸入與輸出的均衡，養成可以自我成長的輸出習慣。

第六章

增加腦部工作領域，使工作更有效率

——釋出腦記憶體工作術

釋出「腦記憶體」以提升工作效率、學習效率

「一時想不起來」的真正原因是什麼？

要去其他房間拿東西，卻在打開房間門的一剎那，問自己：「對了，我是來拿什麼？」忘了要來拿的東西。你有過這樣的經驗嗎？

我想誰都有過這種「一時想不起來」的時候。若是經常「想不起來」，就要擔心是不是得了失智症。不過，這種「一時想不起來」與失智症或長期記憶都沒有直接關係。

走路時想別的事、或注意力都在智慧型手機上，進入大腦的資訊就會一時過多。

人類的記憶力具有記憶龐大資訊的潛能，問題是輸入資訊的入口非常狹窄，很容易溢出來。

腦內有腦的工作空間，亦即有工作記憶體（Working Memory）。使用大

腦思考、判斷、記憶、學習等工作空間，就是工作記憶體。

資訊只能維持短暫的時間，大約幾秒鐘，最長也只有三十秒。被處理完的資訊，很快就會被刪除，又被下一個資訊蓋過去。

譬如，當朋友告訴你電話號碼時，在你把號碼輸入手機前，那個號碼都會被記憶在腦裡。但是，在你登錄完的瞬間，那個號碼就會從大腦消失不見。這種時候，使用的就是「工作記憶體」。

或者，請算算「26-7+12」。

「26-7」是19，「19+12」答案是31。中間出現的數字「19」，若不能短暫維持住，就不能做接下來的計算。

這時候就會使用到腦內的工作空間，也就是「工作記憶體」。

大腦不能同時處理很多事

假設今天是五件事情的截止日，在這樣的情況下，你勢必會被逼得很緊，搞得心浮氣躁。除非以極快的步調工作，否則根本無法完成，會陷入慌亂狀態。這樣的狀態稱為「恐慌（Panic）」。

但是，倘若今天只有兩件工作，就不會陷入「恐慌」狀態，可以遊刃有餘地完成。「恐慌」其實就是工作記憶體不足的狀態，以電腦來說，就是記憶體不足，執行程式變得不順。

試想，我們可以同時處理多少資訊呢？

說到工作記憶體的處理能力，在以前有廣為人知的「神奇的數字7（The Magical Number Seven）」的假設，認為人類可以同時處理的事情是「7±2」，也就是說大約七件。但是，根據最近的研究，並沒有那麼多，最穩妥的數字是「四」左右。

這是使用實驗程度可以測定的「單字數」和「數字的單位數」來測定。工作和日常性資訊的處理更少，會少到「三」。

總之，工作記憶體可以同時處理的資訊量非常少。超越那個資訊量，處理速度就會明顯下降，甚至停止工作。或者，會發生「一時想不起來」的狀況，忘掉才剛聽到的事。

可以同時處理的數字，會因為工作記憶體的個人差異和工作負荷的不同而有所改變。為了讓大家更容易明瞭，我想在本書中統一為「三」這個數字。

可以把工作記憶體想像成「腦的工作空間」，裡面有三個托盤。「視覺資訊」、「聽覺資訊」、「思考」、「靈感」等，會一一進入那些托盤。工作記憶體會在瞬間或以秒單位處理完那些東西，清空托盤，再接著處理下一個資訊。

釋出腦記憶體就能完成工作

以電腦來說，「工作記憶體」就像是「隨機存取記憶體（RAM Memory）」。

「工作記憶體」會瞬間存取暫存在海馬裡的資訊、以及長期保存在顳葉的資訊，進行資訊處理。以「工作記憶體」為中心，包括存取海馬的資訊、短時間處理資訊的腦記憶空間，在本書稱為「腦記憶體」，以便大家更容易理解。

有用過初期電腦的人，請回想當時的經驗。在電腦啟動三個程式，電腦的速度就會慢到不行；再啟動四個或五個程式，電腦就會凍結（Freeze），動也不動了。這是因為記憶體不足，要避免這種狀態，重點就是不要開啟不必要的軟體、關閉所有不用的常駐程式，盡可能確保記憶體的可用空間。

這個狀況可以直接套用在人腦上。

「今天三點有重要會議」、「五點前要提出估價單」、「晚上八點要跟女朋友約會，好期待啊」、「要確認手機裡的訊息才行」……當我們的大腦浮現這麼多想法時，就是在消耗「腦記憶體」。

大腦的托盤只有三個，所以，這樣的「雜念」混入主要工作裡，「腦記憶體」就會滿溢，降低工作效率。

因此，不要同時思考太多事、不要同時做很多事，以減輕「腦記憶體」的負擔，也就是說，釋出「腦記憶體」就能提升工作效率、學習效率。

或許有些偏離「記憶術」，但本章會提到釋出的方法——「釋出腦記憶體工作術」；此外，也會介紹將腦記憶體擴充到最大的「待辦清單（TO DO LIST）」的正確使用方法，以及知識的卸貨方法。

讓腦記憶體最大化的七個法則

清理頭腦，不要思考不必要的事

有「等一下必須發電子郵件」、「〇〇事不知道怎麼樣了」等待辦事項在頭腦裡，就像電腦裡的常駐程式在不覺中消耗記憶體，會在不自覺中消耗我們的腦記憶體。

自己或許不會意識到，但最後會成為大幅降低工作效率的原因。

那麼，怎麼做可以增加腦記憶體呢？

把頭腦清理乾淨，把不必要的思考都清出頭腦外，就能讓腦記憶體最大化。

在此介紹七個具體的方法。

【讓腦記憶體最大化的七個法則❶】

不要做「多工處理」

大腦不能同時處理兩件事

我們都會想做到同時處理兩件事以上的「多工處理（Multitasking）」，但很多腦科學研究顯示，大腦不能做多工處理，要做多工處理，就會明顯降低大腦的效率。

譬如，根據報告，同時進行類似的兩個工作，效率會降低百分之八十到九十五。

另外，也從其他實驗得知，在多工處理下開車，反應時間會慢一・五秒。假設一・五秒的時速是五十公里，就是前進了大約二十公尺。

開車時想拿什麼東西、或是分神看手機，因而發生車禍，也時有所聞。

看起來像是多工處理，其實，在腦裡面進行了好幾次的「切換」。

實際上，是每個任務輪流處理。

也就是說，腦會為了「切換」，白白消耗相當大的能量。

的確也有人可以完美地做到多工處理，但這樣的人通常有異於常人的工作記憶體；也就是說，大腦的托盤不只三個，而是有四或五個。

不做多工處理、把精神百分之百集中在眼前的工作上、一項一項完成工作，是最聰明的頭腦使用方法。

音樂會替工作加分還是減分？

聽到多工處理會降低工作效率，或許有人會說：「未必吧，我邊聽音樂邊工作更能加快進度。」

邊聽音樂邊工作會比較快完成嗎？或是會給工作帶來減分的效果？

分析大約兩百份論文所做的研究顯示，「聽音樂會加快進度」的研究，與「聽音樂會影響工作」的研究，幾乎是同樣的數量。仔細看，會發現對記憶力、閱讀理解能力是減分，在心情、工作速度、運動上，大多會發揮加分作用。

很多外科醫生會說：「手術時播放我自己喜歡的音樂，更能集中精神。」可能是因為手術不是「記憶」、「閱讀理解」，而是「操作」。有些公司在工廠的生產線播放音樂，也可以提升操作效率。對需要動手、動身體的「操作」、「運動」，音樂有加分作用。

音樂對「學習」、「記憶」、「閱讀理解」有減分作用，對「操作」、「運動」有加分作用。

因此，音樂的效果，會因為你的工作內容而有所改變。

【讓腦記憶體最大化的七個法則❷】

把在意的事情全部寫出來

不要多工思考──寫完就忘記的工作術

同時做兩件事以上，稱為「多工處理」。沒有實際採取行動，但想著兩件事以上，就是「多工思考」，光這樣就會消耗腦記憶體。

「等一下必須發電子郵件」、「○○事不知道怎麼樣了」、「下午三點要開會」等「思考」，在頭腦裡飛來飛去，陷入「這也要做那也要做」的狀態，就會消耗腦記憶體。

那麼，怎麼做才能消除這些「雜念」呢？

消除雜念最簡單的方法，就是「寫」。正確來說，是「寫完就忘記」。

我會把所有在意的事都寫出來，不限於預定計畫或行程。把與今天工作相關的事寫在「待辦清單」上，把工作之外與想法、靈感相關的事寫在電腦的便條紙上。

在工作中，會閃過與工作相關的想法，既然浮現了，忘記也很可惜。然而，開始深思那個想法，就會偏離「眼前的工作」。這時候，要馬上把想法或靈感寫下來，再回頭做原來的工作。

若是在筆記電腦上工作，那麼，與其寫在紙上，還不如利用桌面上已經開啟的數位「便條紙」，會比較快。如果只寫一到兩行，十秒或十五秒就完成了。寫完後，馬上回頭做原來的工作。

這麼做，可以不必中斷精神的集中，繼續工作。

這時候不馬上記下來，之後還是會浮現同樣的想法，妨礙工作。最重要的是「寫↓寫完就忘記」。

既然記下來了，之後再看筆記就行了，所以忘記也ＯＫ。

養成「寫完就忘記」的習慣，頭腦裡就不會塞滿不必要的資訊，經常處於釋出腦記憶體的狀態，這樣就可以舒暢地繼續工作。

【讓腦記憶體最大化的七個法則❸】

完成未完成的工作

蔡格尼效應的正確使用方法

俄國心理學家蔡格尼，在常去的咖啡店有了新的發現。咖啡店的店員可以不做筆記，正確記住好幾位客人的點餐，卻在送出那些餐點的瞬間，就把客人的點餐內容都忘光了。她發現了這個不可思議的現象。之後，她以心理學實驗佐證這個發現，證明「做到一半的事或未完成的課題很容易留在記憶裡」，這又被稱為「蔡格尼效應」（Zeigarnik effect）。

電視節目在正精采的時候，插入「廣告後請繼續收看」的畫面，連續劇在「想知道接下來會怎樣」的地方結束一集，都是利用蔡格尼效應吸引觀眾的注意力。

人在必須完成什麼課題的時候，會處於緊張狀態，但是，一完成課題，緊張就會消失，沒多久就忘了課題內容。反之，課題若中斷或是未能完成，緊張狀態就會持續下去，所以未完成的課題會強烈地留在記憶裡。

有部落格介紹「蔡格尼效應」並這樣解釋：「中斷比較容易留在記憶裡，所以讀書不要讀完、工作不要做完，最好中途停止。」完全誤解了原本的意思。完成前會留在記憶裡，但完成的瞬間就會忘光光。也就是說，讀書或工作即使中斷，也沒那麼容易留在長期記憶裡。

甚至有太多「未完成的課題」，毋庸置疑會降低讀書或工作的效率。

咖啡店店員能記得幾人份的點餐呢？少於三人份或許能輕鬆記住，但十人份能否不做筆記也記得住就很難說了。因為點餐一多，就會超過腦記憶體的界限。

咖啡店店員在送出餐點之前，會記得誰點了什麼東西。就把這個未完成的記憶，暫稱為「蔡格尼斷片」。點餐越多，腦記憶體就越會被怕忘記的「蔡格尼斷片」占據。當超過某個點餐數時，腦記憶體就會滿溢。

我們每天的工作中如果留下太多未完成的工作，腦記憶體就會被「蔡格尼斷片」占據。

最後會因為與「多工處理」、「多工思考」同樣的理由，對腦造成負擔，降低腦的效能。

因此，要有效率地使用大腦、提升工作的效能，就必須把「未完成的課題」一一解決，減少「未完成的課題」。

靠「兩分鐘法則」加快工作速度

不累積小事的方法

把「想到的瑣碎工作」寫在便條紙或「待辦清單」上，就要立刻把頭腦裡的那些事統統忘光光。但是，重複貫徹這樣的做法，「待辦清單」就會越疊越高，最後可能形成無關緊要的小事堆積如山的嚴重狀況。

有個方便的解決方法，就是「兩分鐘法則」。所謂「兩分鐘法則」，就是「兩分鐘可以做完的事，趁『現在』做完」的法則。

譬如收到A先生的電子郵件，有時我們會想「必須回信」，但又想「還是稍後再回吧」，就把這件事往後延了。雖然只是回電子郵件，但既然決定「稍後再回」，就必須再開一次郵件程式、打開信件、重看一次。在開始寫回信之前，又多浪費三十秒到一分鐘的時間。假設回信只需三十秒，就損失了兩倍以上的時間。

現在可以馬上做完的事，就現在馬上做完。盡快把「待辦」、「繼續中」、「未完成」的工作做完，少一件是一件，這就是增加腦記憶體可用容量的訣竅。

【讓腦記憶體最大化的七個法則❺】

以「三十秒法則」作決定

當機立斷所作的決定也不會出錯

我的書大多是在Amazon買的，買或不買我會在三十秒內作決定。因為不決定要不要買，一個小時後又會想：「對了，我很想要那本書，還是買吧。」

當下不作決定，就會陷入「後來又要重新思考」的處境。重新作決定時，又要從零開始思考，所以會損失與最初同樣的時間。**「猶豫」、「不作決定」、「待處理」是時間的浪費，也是在浪費腦記憶體。**

我在作決定時，會盡量在三十秒內作好決定，這就是「三十秒法則」。怎麼樣都下不了決定時，就判斷「保留」，當下決定「以後再作決定」。這時候，一定要訂下「何時作決定」的時間。

有時，會因為沒收到他人的回答，所以無論如何都不能當下作決斷。這時候就決定「三天後作決斷」，在行事曆寫下「判斷○○事」。這麼做，就可以三天完全不去想這件事。

或許有人會擔心：「這麼快下決定，萬一作了錯誤的判斷怎麼辦？」

你知道「快棋理論」嗎？請職業棋手看某個棋盤，思考下一步棋。結果，思考五秒後的棋步，與長時間思考三十分鐘後的棋步，居然有百分之八十六一致。這個理論就是說，五秒後所作的判斷，與細細思量後所作的判斷，大多時候判斷結果都一樣。

既然這樣，就應該早早作判斷、下決定，清空腦記憶體，把注意力集中在其他事情上。

桌子整齊的人會做事

從整理著手

「桌子整齊的人」與「桌子亂七八糟的人」，哪一個比較會做事呢？顯而易見，「桌子整齊的人」可以在寬敞的桌面，從容不迫地、全神貫注地工作。桌子亂七八糟，就會從那裡衍生出雜念。

若是擺著文件，就會想「這份文件的截止日是這個禮拜」。若是擺著書，就會想：「這本書還沒看完呢。」若是看到請款單，就會想「對了，錢還沒繳呢，這個月一定要繳。」或是找不到東西，一心想著：「咦，尺跑哪去了？」常常會為了找東西，注意力被重新設定。

這些雜念會硬生生地消耗腦記憶體。

大腦是極為精密的資訊處理工具，有資訊進來，就會在無意識中，自行把那些資訊處理掉。

譬如，正在開車時，突然有小孩子衝出來，這時候，一般都會瞬間踩下煞車。這是因為大腦隨時啟動注意機能，以便快速因應危險。這是無意識程度下的「注意網」，說起來，就像大腦的自動駕駛機能。即使什麼都不做，光這個機能就會消耗腦記憶體。

桌上擺著多餘的東西，大腦的注意力就會無意識地轉向那裡，消耗腦記憶體。所以，為了集中精神，首先就是要把桌子收拾乾淨，從整理做起。

以前在船井總研服務，現在自己獨立出來，成為企業顧問的野田宜成先生，說過很有趣的話。據他說，船井幸雄先生經常把「『桌子整齊』是成功者的條件」這句話掛在嘴上。而且，船井先生還會突襲檢查，看員工的桌子有沒有整理乾淨。擁有五千多家客戶的顧問公司的老闆，會說「整理」是重要的成功法則，可見這件事具有重大意義。

為什麼「桌子整齊」的人會成功呢？有很多原因，**以腦科學來說，會把桌子整理乾淨的人，也會把大腦整理乾淨**。這樣不會消耗腦記憶體，可以發揮高度的集中力在眼前的工作上，當然會成功。

【讓腦記憶體最大化的七個法則❼】

偶爾「脫離手機」

「查看手機」會消耗腦記憶體

原本會為我們的生活帶來便利的智慧型手機，會讓我們的工作效率降低多少呢？

一般而言，人要進入精神集中狀態，需要十五分鐘以上。若中間被打斷，集中力就會被重新設定。

智慧型手機或一般手機，是打斷我們的時間，使集中力被重新設定的最主要原因。或許有人會說：「我在上班時間絕對不會看手機的私人訊息，只有在休息時間才會查看。」但是，大部分的人不管是不是休息時間，都會把手機從口袋拿出來，查看訊息或郵件。

若不是「休息時間來查看手機訊息吧！」的念頭常駐在大腦裡，不可能查看得那麼快。也就是說，腦中僅有的三個托盤裡，有一個很可能被「休息時間要查看手機」的念頭占據了。

如果這個「休息時間要查看手機」的念頭，不時在大腦裡來來去去，那麼，縱使上班時間不看手機，毫無疑問也會消耗腦記憶體。智慧型手機的使用者，多多少少都會有這樣的手機成癮症。

等電車時要看手機，搭電車時要看手機，走路時要看手機。這種二十四小時離不開手機的人，大腦裡的某個部分一定常駐著「查看手機」的程式。

像我這種「沒有智慧型手機」的人，現在已經很少了，我也不想劈頭蓋腦地說「不准使用智慧型手機」，**只是想讓大家知道，光是把開著電源的智慧型手機放在口袋裡，就會消耗腦記憶體**。

譬如，在想「集中精神工作吧！」「無論如何在一小時內結束這個工作吧！」的時候，可以決定「在工作結束前不要查看手機」，把手機的電源關掉，放進抽屜裡或公事包裡面。

這樣就可以避免「查看手機」的念頭消耗腦記憶體。

「待辦清單」的四個超活用法

正確的「待辦清單」寫法

「十點前回覆查詢」、「十二點午餐會議」、「三點開會」、「五點前提出報價單」、「晚上八點跟女朋友約會」……如前所述，光是有這麼多的預定事項在頭腦裡，就會出乎意料地消耗腦記憶體。

所以，只要把這些「預定事項」、「行程」、「懸案事項」，都寫在「待辦清單」上就行了，然後暫時忘記。這樣可以擺脫不必要的雜念，也可以釋出腦記憶體，把集中力都發揮在工作上。

我每天開始工作前，一定會寫「待辦清單」。透過寫「待辦清單」，今天該做的事、接下來該做的事都會更明確，可以順暢地、有效率地一一完成工作。

不過，「待辦清單」隨便寫也不會有任何效果。我來教大家可以釋出腦記憶體、完美提升工作效率的正確活用「待辦清單」的方法。

【「待辦清單」超活用法❶】

把「待辦清單」寫在紙上，放在桌子上

「待辦清單」是提升工作效率的武器

應該把「待辦清單」寫在紙上嗎？還是應該使用智慧型手機程式之類的數位工具呢？毋庸置疑，我已經有了結論。

「待辦清單」除了寫在紙上之外別無他法。

因為不寫在紙上，「待辦清單」就沒有用。

我在工作的時候，會把寫在行事曆上的「待辦清單」攤開放在桌上，以便可以隨時看見。別人是擺所謂的「案頭常備書」，而我擺的是「案頭待辦清單」。我的桌子上，隨時都有「待辦清單」。

這麼做，在「接下來要做什麼？」的念頭閃過的瞬間，稍微移動視線就能查看「待辦清單」，所需時間連一秒都不到。這樣就可以維持高度集中力，以最快的速度衝向下一個工作。

想必也有不少人，是用智慧型手機或平板電腦的程式來管理「待辦清單」。但是，智慧型手機或平板電腦不做任何操作，就會進入休眠模式（省電模式）。即使把智慧型手機放在桌上，在開啟「待辦清單」時，也要花時間、勞力，逐一輸入密碼、打開畫面。

所需時間或許只要五秒或十秒，但輸入密碼等動作，會讓好不容易提升起來的集中力歸零，又被重新設定。就像F1賽車每跑一圈就加油、修理（Pit in），是非常沒有效率的「待辦清單」。

而且，每次碰到智慧型手機，難免會有「必須查看訊息」、「想玩遊戲」的誘惑。只要這種念頭瞬間閃過，集中力就會被重新設定，同時腦記憶體也會遭受極大的耗損。

我經常在部落格的文章，看到「使用待辦清單也無法提高工作效率」的批評。我想，這些人使用「待辦清單」的方法，可能都錯了。

「待辦清單」要寫在紙上，並且隨時擺在桌上看得見的地方。

只要遵守這兩個原則，「待辦清單」對釋出我們的腦記憶體一定會有幫助，可以成為提升工作效率的強力武器。

【「待辦清單」超活用法❷】

「待辦清單」是「刪除」比「寫」更重要

「待辦清單」也可以提高動力

手機遊戲「龍族拼圖」非常受歡迎，據說下載數突破了三千八百萬。單純計算，日本人三人當中就有一人下載了遊戲。其他，像「糖果」、「疊疊樂（TSUM TSUM）」等遊戲，也都大受歡迎。每個都是「落下型益智遊戲」，簡稱「落遊」，最遠可以追溯到以前的「俄羅斯方塊」、「魔法氣泡」。很好玩，常讓人玩到停不下來，其特徵是非常容易上癮。

二十多年來，「落遊」的人氣歷久不衰，大家還是玩得很瘋狂，其中的上癮秘密究竟是什麼呢？

我們已經知道，在視覺刺激「出現時」與「消失時」的兩次，大腦會呈現強烈的神經反應。

大腦在有東西出現時，當然會有反應，消失時也會亢奮。因此，把方塊或磚塊消去的「落遊」，是「使大腦因亢奮而入迷」的設計。

「待辦清單」也一樣，我會把「待辦清單」中已經完成的事，毅然決然地畫一條線刪除。這麼做可以得到「完成了！」的強烈成就感，這是大腦因「刪除」而產生的喜悅效果。

並且，達成目標就會分泌幸福物質多巴胺。這個物質是動力的來源，所以一分泌就會提升「好，繼續努力！」的意願。

對「待辦清單」來說，「寫」非常重要，但「刪除」更重要。要活用「待辦清單」當成提高動力的工具，訣竅在於一完成就毫不猶豫地「刪除」。

【「待辦清單」超活用法❸】

使用「待辦清單」可以進入「心流」狀態

進入「心流」狀態會不知疲憊，可以連寫五十多張稿紙

你有沒有聽說過「心流」（flow）這個名詞呢？

心流又名「化境（zone）」，是心理學家米哈里・契克森米哈賴（Mihaly Csikszentmihalyi）所提倡的概念。

引用契克森米哈賴著作的《心流體驗：喜悅的現象學》中的話來說明，就是「完全投入某個活動而無法顧及其他任何問題的狀態，而這種經驗會帶來極大的快樂，所以會讓人花很多的時間和精力，純粹去做這件事」。

一言以蔽之，就是「絕對集中狀態」。譬如，忘記時間，投入工作，不覺中以完美的品質完成大量工作的狀態。以運動選手來說，就是有適度的緊張，又有能夠快樂參賽的餘裕，結果創下比平時更好的紀錄的狀態。

我在寫作時，經常有心流的經驗。在寫這本書時，幾乎有十次以上得以在

心流的狀態下執筆。我一進入心流狀態，就會文思泉湧，下筆如神。看到自己的思緒不斷轉化成文章，是非常開心的事。曾經回過神來時，已經傍晚，連寫了五十多張稿紙。

不知疲憊，時間轉眼即逝，一天就寫完大量的稿紙，完全不以為苦，還覺得異常開心。

這個瞬間太快樂、太快樂了，所以，會提升「想再多寫！」的動力。

維持高度集中力的方法

可以刻意進入這種心流狀態，就能以超級效率完成工作。

那麼，要如何進入「心流」狀態呢？

我建議大家活用「待辦清單」。

不要老想著「接下來要做什麼？」「接下來該做什麼？」。如果有詳細的工作表，決定「做完這件事就做那件事」的流程，或是身體無意識地記住了這樣的流程，就能集中精神在眼前的工作上。

事實上，「接下來要做什麼」的疑問，是集中力的最大妨礙。當大腦的集中力高漲、工作效率提升時，只要浮現「接下來要做什麼」的思考，集中力就會中斷，又重新被設定，這樣就很難進入心流狀態了。

不要老想著「接下來要做什麼」，流暢地投入工作，就能輕易地進入心流狀態，這時候派上用場的就是「待辦清單」。

使用「待辦清單」，集中力就有可能不中斷。

一般認為要進入心流狀態很困難，但靈活運用「待辦清單」，就能有意識地進入心流狀態，輕鬆實現出類拔萃的效能。

【「待辦清單」超活用法❹】

早上寫「待辦清單」

預防浪費兩次工夫——早晨LIST術

你會在什麼時候寫「待辦清單」呢?我都是早上坐在桌前,要開始工作前的瞬間寫「待辦清單」。

我問朋友:「你們都是在什麼時候寫待辦清單?」結果分成「早寫」和「晚寫」兩大派。「晚寫」派的人說:「先掌握明天工作的流程,才能安心睡覺。」但恐怕有人正好相反吧?

我出版過一本書,書名是《精神科醫生教你熟睡的十二個法則:日本最容易懂的睡眠手冊》。不只這本書,其他睡眠的書也都寫著「睡前想明天的事,會對睡眠有不良影響」。

對睡眠最不好的就是「不安」。睡前閃過的不安、擔心,會成為睡不著的原因。想明天的事,很容易形成「〇〇事怎麼辦」的不安,所以最好不要去想。

或許有人會說：「不，我想明天的事會很興奮。」但是，興奮就會分泌多巴胺這個腦內物質，這個物質會使心臟活潑跳動，所以心臟會怦怦跳不停。心臟在睡前怦怦跳不停，就會處於交感神經優位狀態，成為睡眠障礙的因素。遠足的前一天晚上，會「因為明天要遠足，興奮得睡不著」，就是這個原因。

睡前不可以不安，也不可以興奮，所以，我不會建議在睡前寫「待辦清單」。我也曾試著在睡前寫「待辦清單」，但一覺醒來重新思考，常常會增加新的工作，要不就是改變優先順序。

前面已經說過，記憶會在睡眠中被整理過，所以，熟睡醒來後再做判斷，可以不受情感左右，作出正確的判斷。也就是說，晚上寫「待辦清單」，早上一定會再做修正，與其這樣浪費兩次的工夫，還不如一開始就等早上再寫。

早上寫「待辦清單」，會湧現「今天也好好努力一天！」的動力。設定目標就會分泌多巴胺，白天的多巴胺會成為一天的活力，與晚上的多巴胺不同，所以我建議在早上寫。

當天早上，在開工的同時，先想像今天一整天的工作狀況。如果可以清晰明瞭地想像出來，大概就可以像那樣有效率地完成工作，度過充實的一天。

「忘記」是最強的工作術——卸貨輸入術

「忘記」並不是壞事

很多人把「忘記」當成「罪惡」，不想「忘記」，拚命做「不會忘記」的努力。

但是，我認為「忘記」並不是什麼壞事。即使忘記，只要後來想得起來，就不會有任何問題。其實，努力「不忘記」，會白白消耗腦記憶體。

我在結束「寫書」之類的大工作後，會有意識地忘記。像清理「大貨物」般，從頭腦徹徹底底地忘記，我把這個做法稱為「卸貨」。

有意識地「忘記」，就能以破竹之勢吸收新的事物，使下一個工作也能順利進行。

本章最後要為大家介紹「卸貨輸入術」。

【卸貨輸入術❶】

靠「反蔡格尼效應」消除記憶

我可以持續每年寫三本書的理由

我從二〇〇九年開始出版商業書籍以來，幾乎每年都會寫三本書出版。聽到我「持續每年寫三本書」，很多人都會驚訝地問：「為什麼可以寫這麼多書？」、「要怎麼做輸入為寫書作準備？」、「為什麼可以不斷重複如此龐大的輸入與輸出呢？」、「不會沒有話題嗎？」……

我可以持續每年寫三本書，理由很簡單，就是我一直不斷在寫書。可能有人會想：「什麼啊，完全不成理由嘛。」但是，要做龐大的輸入與輸出，最有效率的方法就是「寫書」。

以先前出版的拙作《過目不忘的讀書術》為例，在寫這本書之前，我為了收集預備資訊，閱讀了二十到三十本與「讀書」、「輸入」、「資訊活用」相關的書籍，並且看過數十篇學術論文。這是非常龐大的輸入量，但是，集中實行大約一個月左右，就會有驚人的效果。把同領域的書整合在一起閱讀，閱讀速度就會突飛猛進。此外，每本書寫的共通點、不同點也會更明確，可以更有效率地整理知識。

之後，我先花一個月的時間寫書的目錄，下一個月再集中「執筆」。然後，書終於完成了！我會開心地大叫：「太好了，寫完了！終於完成了！」

接下來做什麼呢？首先把讀完的二十到三十本相關書籍與論文影印本，統統扔進紙箱，收進地下倉庫裡。就在把「讀書」相關書籍，全部從自己的房間處理掉的同時，也把自己寫的書的內容以及關於「讀書術」的知識，全部刪除。

說「刪除」，也不能自己選擇自己要刪除的記憶，所以，純粹只是「心境」上的問題，讓自己有「全部結束了，所以忘得一乾二淨吧」的心境。

關於我自己的讀書術，全都寫在這一本書裡了。忘記也沒關係，需要時再看一次自己的書就會馬上想起來。

這麼一想，說也奇怪，有關「讀書術」的知識，就從我腦內消失得乾乾淨淨了。

這或許可以稱為「反蔡格尼效應」，「對於持續中的事，記憶會被強烈保存」是蔡格尼效應，反過來說，就是「對於完成的事，記憶容易被遺忘」。

因此，要養成習慣，在完稿的同時，就不再想稿子的內容、全部忘記。不可思議的是，這麼做真的會忘記。

從做完最後的確認到書出版，會有幾個禮拜的時間。這期間，我絕對不去想書的內容。等書出版後再讀，就會覺得「喔，這本書很有趣呢」、「寫得真不錯呢」，可以享受閱讀他人作品般的樂趣。

【卸貨輸入術❷】

寫完後全部忘記也沒關係

忘記才能做下一個輸入

很多人執著於「不能忘」、「要記住」、「要記憶」，其實，「寫完就可以忘了」。甚至，寫完就該忘得空空如也，把頭腦整個清空。

忘得空空如也，大腦才能騰出下一次輸入的準備空間；把頭腦裡的「蔡格尼片斷」全部掃出去，頭腦就會輕盈許多。

我剛寫完這本書的時候，非常想做一件事，那就是輸入。

才剛寫完一本書，就非常想讀書，但想看的書，領域與剛寫完的書截然不同。通常，下次要寫的主題都已經決定了，所以，我會在 Amazon 訂大約十本與那個領域相關的書籍，馬上開始閱讀。讀到書中用來當參考資料的書，就再下單購買，進行「一連串的讀書」。

我把這個做法稱為「大腦卸貨」。

把自己房間裡的書統統清理乾淨，同時也把大腦裡截至當時的知識統統清理乾淨。經由「大腦卸貨」方式，就能騰出下次用來輸入龐大知識的「空間」。

你也有過如下的經驗吧？

要做重要的簡報、上臺報告時，會在做報告那天之前，看完龐大的資料、文獻，還會為了應付提問把細微部分都背起來，可是，一做完簡報就忘光光了……

這時候，可能有很多人會想：「怎麼可以忘記呢。」還認為：「還有下次的簡報呢。」、「好不容易才背起來的呢。」然而，那樣就變成「未完成的事」了。讓「蔡格尼片斷」繼續留在你的腦裡，就會不斷消耗你的腦記憶體。

也就是說，當你要輸入下一個案子時，不但無法提升動力，也很難讀得下任何書籍或資料，輸入就無法如願地進入腦裡。

寫完就可以忘記了，不，寫完就該忘記。

即使忘記了，看到寫的東西、重讀的瞬間，就會清清楚楚地想起那些知識。

我們的「記憶本體」，不會那麼容易消失，只是忘了「記憶的索引」而已。「寫」這個動作，是用來具體地複製無數的「記憶的索引」，所以，即使寫了就忘記，也能很快地想起來。

「忘記」就是最強的記憶術、工作術，想必大家現在都能了解了。

第七章

預防腦部老化
——運動和生活習慣記憶術

「運動」與「不會患失智症的生活習慣」可以活化大腦

若想永遠維持頭腦清晰、活動自如的話

我介紹了各種不用記憶也能記憶的方法，但是，上了年紀當然會「老化」。什麼都不做的話，記憶力一定會退化。

或者，會患「失智症」這樣的疾病。八十歲以上的日本人，每四人就有一人患失智症，所以不要以為事不關己。也有可能哪天自己得失智症，或是家人得失智症，這是非常嚴肅的問題。

本書提到的活化大腦的訣竅、靈活使用大腦提升工作效率的方法，如果患了失智症就都沒有用了。此外，缺乏運動、睡眠不足等不良生活習慣，都會成為腐蝕我們記憶力的原因。

想要擁有健全的記憶力、希望年紀大了也能頭腦清晰，就要養成「對大腦有益的生活習慣」。

此刻，最重要的是，要有「運動」與「不會患失智症的生活習慣」的意識。

運動能活化大腦——運動的十個驚人效果

運動就能活化大腦，預防失智症

可能有不少人發覺，記憶力會隨著年紀逐漸退化，最近越來越多「健忘」、「一時想不起來」的時候。更擔心的是記憶力以外的腦退化，譬如「聽錯」、「不小心犯錯」的次數增加等注意力、集中力的衰退。

若是有活化腦以預防腦的老化的方法，各位想知道嗎？其實，的確有這種作夢般的方法，而且既單純又簡單。

活化腦的終極方法就是「運動」。

光是運動就能活化大腦，並預防失智症。關於這方面的研究資料不在少數。得知「運動對腦有驚人的良好效果」，是在大約二〇〇〇年以後。近十年來，很快發展出關於「運動」與「大腦」之間的關係的科學鐵證。

要詳述兩者之間的關係，可以寫整整一本書，所以在此只簡單整理成十個項目。

增加海馬的神經，強化長期記憶

一九九六年得知，運動會分泌名為腦衍生神經滋長因子（BDNF）的物質。在腦科學上，這是非常劃時代的發現。簡單來說，BDNF就是滋養神經、培育神經的物質。

倫敦的計程車司機的海馬體積大於一般人的研究結果，在第一章已經介紹過了。在海馬的齒狀迴這個部分，會有神經細胞的新生。成人後，也會持續不斷地新生，而BDNF就是促進神經分化、新生的代表性物質。

也就是說，**運動就會分泌ＢＤＮＦ，而ＢＤＮＦ會促進神經細胞的增生，所以，只要運動，大腦就會成長！**

海馬是資訊的「暫時保管區」。海馬的神經新生，就能順利進行把被輸入的資訊置換成「長期記憶」的作業，也就是說，運動就能讓「長期記憶」變好。

即使邁入高齡，大腦也會成長

本書說過很多次，像計程車司機那樣鍛鍊大腦，大腦就會成長。然而，或許很多人會想：「邁入六十、七十九歲，就不可能了吧？」其實沒有這種事。

神經科學家亞瑟・克雷默（Arthur F. Kramer）等人，把不太運動的六十到七十九歲的人，分成「有氧運動」與「伸展運動」兩組，讓他們每週鍛鍊三次、每次一個小時。六個月後做ＭＲＩ檢查，發現使用跑步機做「有氧運動」組，額葉與顳葉的皮質體積增加了。

經由運動可以擴大海馬，是早已知道的事，但運動可以增加腦皮質的體積，是首次發布的研究報告。

即使邁入高齡，大腦也會成長；而且，才運動六個月，就可以看到變化，所以沒道理不做。

剛運動完就能提升學習機能

只要運動，大腦就會成長。

話雖如此，想必還是有很多人會想：「那也要運動好幾個月才會有成效吧？我做不到。」沒錯，的確不是一次、兩次的運動就能促進腦細胞的新生。但是，在學習機能方面，只要一次的運動就能改善。根據二〇〇七年的研究，維持最大心跳率的百分之六十到七十，在跑步機一次跑三十五分鐘，就能提升與「彈性思考」、「獨創性思考」、「想出解決方案」有密切關係的「認知的彈性」（執行功能）。

其他研究也提出了許多數據，證明即使只做一次運動，學習機能也會比運動前提升。**直截了當地說，就是光靠一次的運動，也能提升學習能力，使讀書效率變好。**

運動的驚人效果四

頭腦會變好

光一次就會有效果，所以持續運動就能有更好的成績。我們把會讀書又會運動的人稱為「文武雙全」，近年來的研究證明，「文武雙全」在腦科學上是正確的說法。

也就是說，運動就能使頭腦變好。

把「運動的人」與「不運動的人」做比較，「運動的人」的成績會比較好。參加第一堂課前的體育課的學生，成績進步了百分之十七。

像這種運動就能使學校成績變好的數據非常多。

運動的驚人效果五

工作記憶體變強

大腦的工作空間「工作記憶體」，會在三十歲到達高峰，開始往下降。工作記憶體往下降，就會經常「一時想不起來」，影響到注意和集中力、思考力、決斷力、判斷力、學習能力、資訊處理能力等各種能力。

已經知道運動能改善「長期記憶」，也能改善「工作記憶體」。跑步能改善工作記憶體，尤其是打赤腳跑步，效果更好。

此外，還有在大自然裡或走路或奔跑或爬樹或攀岩的運動，稱為「MovNat（Move Natrue）」。這種運動很複雜，需要臨機應變的判斷，效果也受到了肯定。在幾個小時的「MovNat」前後進行工作記憶體的測試，發現之後的測試成績提升了百分之五十以上。

在大自然裡，隨本能活動身體，可以活化大腦。

運動的驚人效果六

讓你睡得好

如第三章所述，睡眠對記憶非常重要。

其實，為了讓記憶扎根，不只需要「睡眠時間」，也需要睡眠深度、睡眠品質。有充分的時間睡個好覺，記憶就容易扎根，也就是說，記憶力會變好。

運動就可以睡得好，不必參考論文或研究，我想誰都有過運動當天「比平時睡得更好」的經驗，因為運動可以促進睡眠，並增加睡眠的深度。

運動不但可以提升睡眠品質、集中力，也能改善疲勞。

運動會使體溫暫時上升，但之後經過幾個小時，體溫就會下降，因此容易入睡，也會睡得比較深沉。

運動就能睡得好。

熟睡可以完全消除大腦的疲憊，讓隔天的記憶力、集中力發揮到極致。

運動的驚人效果七

提升動力

讀書、學習都需要「持續」。

有句話說「三天打魚兩天曬網」，只在考試前三天讀書，成績不可能會進步。在自我成長的學習上，「持續」也極為重要。

但是，要維繫「持續」的動力非常困難。

在大腦裡，會衍生出「動力」和「幹勁」的物質是多巴胺。事實上，運動就會分泌這個動力物質多巴胺。一運動，多巴胺的量就會馬上增加。再持續一段時間定期運動，位於腦報酬中樞的神經元就會產生新的多巴胺受體，萌生「再繼續運動吧」的動機。

多巴胺本身有增強記憶的作用，多巴胺的分泌，不但能提升動力，同時也能提升記憶力。

多巴胺又稱為幸福物質，多巴胺分泌時，人會覺得幸福。也就是說，運動會讓人覺得快樂，也會讓人覺得幸福。

我有好幾個朋友迷上馬拉松，為了練習，幾乎每天都在跑步。他們會「迷上馬拉松」，是因為跑馬拉松會分泌既是動力物質又是幸福物質的多巴胺。

運動的驚人效果八

可以抒解壓力

有了壓力，就會從副腎皮質分泌出腎上腺皮質醇。海馬不太能承受腎上腺皮質醇，所以，前面說過，分泌大量的腎上腺皮質醇，海馬的細胞就會死亡。

那麼，為了減少對海馬不利的腎上腺皮質醇，該怎麼做呢？就是要運動。

光是運動，就能降低血中的腎上腺皮質醇的濃度。很多人說「運動可以抒解壓力」，實際上，運動的確可以降低壓力荷爾蒙。

為與上司之間的人際關係煩惱時，除非辭職不幹，或是職位調動，否則很難消除那種壓力。但是，即使有這種「無法消除的壓力」，運動也能減少腎上腺皮質醇，減輕壓力帶來的不良影響。

腎上腺皮質醇會對海馬產生不良影響，降低記憶力；反之，靠運動使腎上腺皮質醇降低或恢復正常，就能改善記憶力。

運動的驚人效果九

有預防失智症的效果

失智症有阿茲海默症、腦血管性失智症、路易氏體失智症等，其中阿茲海默症的比例超過半數。所以，討論「失智症的預防」時，多半以「阿茲海默症的預防」為主。

阿茲海默症的研究非常先進。如何預防阿茲海默症的研究不勝枚舉，然而，其中具有統計上的顯著差異（Significant difference）、又有再現性（Reproducibility）與科學實證的研究，事實上只有「運動」。

有報告指出，用餐、桌遊等腦訓練，以及人與人之間的往來（社交），都有預防失智症的效果。但這些都是疫學研究（回溯性研究〔retrospective study〕，針對過去的現象做調查的研究），在介入研究（又稱「前瞻性研究」〔prospective study〕，針對開始研究後的新生現象做調查的研究）方面，還不能很肯定地說有充分的科學鐵證。

因此，想預防失智症，最可靠且最有效的方法就是「運動」。芬蘭針對一千五百個人做的前瞻性研究顯示，一週運動兩次以上的人，比沒有運動的人，患失智症的機率低百分之五十。

也有報告指出，一週兩次、一次二十分鐘的有氧運動，可以大幅降低阿茲海默症的風險。其他研究也支持「定期的有氧運動可以預防阿茲海默症」的理論。

阿茲海默症的危險因子，主要有以下七項：

①糖尿病 ②高血壓 ③肥胖 ④運動不足 ⑤憂鬱症 ⑥抽菸 ⑦低學歷

定期的運動也可以改善「糖尿病」、「高血壓」、「肥胖」等生活習慣疾病。這三項再加上運動不足就是四項，所以，光是運動就能去除阿茲海默症七項危險因子中的四項。

「糖尿病」、「高血壓」、「肥胖」又與腦血管性失智症的危險因子重疊，所以運動習慣可以說是預防失智症的王牌。

運動的驚人效果十

心情會開朗起來

「運動會讓心情變好」、「運動後心情會開朗起來」這樣的經驗，想必大家都有過吧。

實際上，運動對「心情」的效果，有很多數據可以佐證。運動就會分泌血清素、正腎上腺素、多巴胺等腦內物質，其中的血清素尤其與「心情開朗」有很深的關係。

明白憂鬱症這個疾病是缺乏血清素、正腎上腺素的狀態，就更容易明白增加血清素、正腎上腺素可以使心情開朗起來的道理。

在精神醫學的世界，運動對憂鬱症的效果備受矚目。許多數據顯示，運動療法對治療憂鬱症有效。美國精神醫學會在二〇〇一年，把運動療法列入了憂鬱症的治療方針中。「運動療法」的效果與「藥物療法」相同，預防復發的效果甚至高過「藥物療法」。

運動在心理上也能發揮非常好的效果。

想活化大腦就要這樣運動

活化大腦的具體運動是什麼？

運動對腦有多麼驚人的效果，想必大家都非常清楚了。那麼，具體而言，做什麼樣的運動、以怎麼樣的步調來做，效果最好呢？在此說明運動的具體方法。

有氧運動對大腦最好

對大腦最有幫助的運動是有氧運動。伸展運動有放鬆、解除不安的效果，但沒有活化大腦的效果。肌肉的鍛鍊，也幾乎沒有報告顯示對大腦有效果。

肌肉的鍛鍊或伸展運動並非全然沒有意義。肌肉的鍛鍊會強化骨頭，還有分泌成長荷爾蒙達到修復細胞的效果、以及提升免疫力的效果；伸展運動可以擴展關節活動度，預防受傷。所以，對高齡者來說，也都是重要的運動。

但是，為了大腦的活化、成長、防止老化，就要認真做有氧運動。具代表性的有氧運動，如走路、跑步、騎自行車、踩健身腳踏車、游泳、舞蹈、有氧健身操等。

運動時間與運動強度呢？

一週做一次強力、激烈的運動，不如一週做三次六十分鐘程度的運動有效。若是期待對大腦有顯著的效果，一週至少要做兩次以上的運動。

不需要做激烈的運動。中強度的運動，亦即達到最大心跳率的百分六十五到七十，就能充分得到活化大腦的效果。說最大心跳率的百分六十五到七十，可能很難懂，只要想像快走、慢跑等會稍微流汗的運動就對了。

這個程度的心跳率，正好是脂肪燃燒效率最高的心跳率，所以也有瘦身的效果。

與其做單純的運動，不如做複雜的運動

有人會說：「我每天都在跑步機跑步，所以沒問題。」但是，我要告訴這樣的人一則遺憾的消息。

發現「做運動就會從神經元長出新枝椏」的神經學家威廉・葛里諾（William T. Greenough），用白老鼠做了研究。讓一組白老鼠只是單純地跑步，另一組白老鼠做複雜的運動，包括跑平均臺、不穩定的障礙物、塑膠製樓梯。兩個禮拜後，後者的白老鼠的小腦的BDNF增加了百分之三十五，而單純跑步的白老鼠的小腦，沒有發現任何變化。

也就是說，只是在跑步機跑步的運動，最好再配合更複雜的動作，才能刺激腦，對腦產生良好效果。

健身房會開「有氧體操」或「舞蹈」等多彩多姿的課程。不只是在跑步機跑步，再配合這些複雜、會用到腦的活動，更能提高活化腦的效果。

此外，同樣是跑步，在跑步機跑，不如在戶外跑；不要每天跑一樣的路線，要偶爾更換不同的路線；也不要在都市裡的柏油道路跑步，要在大自然裡的山

路跑步。在無法預測的山路跑步的「越野跑」，活化腦的效果非常好。

為了定期做運動，健身房的跑步機非常方便，但是，不要只在那裡跑，最好再搭配有「複雜性」的運動，更能活化大腦。

什麼時候運動最好？

晚上十一點多經過健身房，隔著窗戶可以看到很多人在跑跑步機。他們或許認為這樣「有益健康」，其實，在太晚的時間做劇烈運動並不好。睡前做劇烈運動，屬於白天神經的交感神經就會處於優位，核心體溫到睡前都不會下降，所以會對睡眠造成反效果。

關於什麼時候運動效果最好，眾說紛紜。

若想睡得更沉，最好的運動時段是「傍晚」。但是，對公司的上班族來說很難，所以，只要在工作結束後運動、在睡前三小時結束就行了。

「運動加腦部鍛鍊」的效果倍增！

我在第六章強調過，多工處理會降低工作效率，要盡量避免。但是，已經知道邊運動邊做什麼的「配合運動多工處理」，可以提高活化大腦的效率。

國立長壽醫療研究中心把輕度認知障礙的一百人，分為「運動加使用頭腦」組、以及「只聽健康講座」組，進行半年的觀察，發現「運動加使用頭腦」組可以防止大腦萎縮，進而改善記憶力。

邊運動邊鍛鍊大腦，可以活化腦部。具體的做法，就是邊走路或上下踩臺階，邊做從一百開始連續減三的計算，建議兩到三人邊玩接龍遊戲邊走路。

計算會漸漸適應，所以，有時從一百連續減七、有時輪流減三與九，讓計算多樣化，更能刺激腦部。

「運動加腦鍛鍊」的多工處理，效果會比單獨做「運動」或單獨做「腦鍛鍊」更好。在失智症研究者之間，也把這個多工處理當成預防失智症的王牌，寄予厚望。

在享受樂趣中持續運動

種種細節都說完了，但是，不能持續就毫無意義。單單一次的運動，也可以達到增強學習力的效果，但是，要預防失智症，最重要的是持續半年、一年、然後一直運動下去。

此外，若運動是被迫、或百般不情願，也毫無意義。從白老鼠的實驗得知，被迫做運動不會對大腦產生正面的效果。

在享受樂趣中做運動非常重要。

所以，運動只要做到會舒服地流汗的程度，在享受中長期持續，不要努力做劇烈的運動。最重要的是，在毫不勉強的狀態下，讓運動成為生活習慣。

精神科醫師有怎麼樣的運動習慣呢？

稍微介紹一下我做什麼樣的運動吧。

我是一個禮拜做一次加壓訓練（肌肉訓練），以及一個禮拜在健身房做兩到三次的有氧運動。一次一小時到最長兩小時的運動，每週做三到四次。維持每週兩次以上的運動五年多，體重比運動前減少了十五公斤。養成運動習慣後，長時間站立也不會累，身體的活動也變得輕盈，身心都達到最佳狀態。

最近，我迷上了健身房開辦的課程「極限戰鬥（FIGHT DO）」。就是加入健身拳擊、空手道、泰拳的動作的格鬥技運動。

我會迷上「極限戰鬥」的理由是，非常消耗體力，可以達到瘦身的效果，而且動作非常困難。

是搭配曲子做動作，四十五分鐘裡會播放七到八首五分鐘的曲子。每首曲子要做的動作都不一樣，而且同樣的動作重複四次後，就要換成下一個動作。要一直動腦，一不注意就會做錯動作。而且，不是一般的拳打腳踢而已，會隨處加入飛踢等並不簡單的困難、複雜的動作。

要做到完全不出錯很難，好不容易記起來了，又會在三個月後更換全部內容。所有的曲子和動作都會更新，又要從零開始學起。正因為如此困難，所以成就感非同小可，做得非常開心。

有氧運動、動腦（多工處理）、複雜的動作、開心——融合了「活化大腦的運動」的所有要素，對我而言，是可以開心地持續下去的理想運動習慣。其實，運動結束後，身體都累到快癱了，但是，頭腦卻非常清楚，集中力特別高。

一離開健身房，我就會馬上衝到咖啡店，開始「執筆」寫作。

「活化大腦的運動」的特徵，想必大家都知道了。

我找到了適合自己生活形態的運動，開開心心地持續著。為了大腦和身體的健康，希望你也能找到完全適合自己的運動，持續下去。

預防失智症的生活習慣——不老記憶術

更降低失智症風險的方法

八十歲以上的高齡者，有百分之二十五，亦即每四個人就有一個人罹患失智症。

現在的日本人每三個人就有兩個人死於癌症，沒有得癌症活下來，也必須面對失智症的風險。難得長壽，卻患了失智症，也沒辦法享受退休後的老後生活。

我已經說過，要降低這樣的失智症風險，運動是一個方法。那麼，有沒有運動之外的方法呢？

有，注意飲食和其他生活習慣，就能降低失智症的風險。

二十年前就要開始預防失智症

或許有人會說：「我還年輕，跟失智症無關。」很遺憾，這個想法是錯的。有所謂家族性阿茲海默症的疾病。有些家族有遺傳基因，將來有很高的機率會患阿茲海默症。華盛頓大學與三百位這種家族的人合作，以他們為主做了大規模的研究，發現會引發阿茲海默症的物質「β澱粉樣蛋白（Amyloid β protein）」，是從出現阿茲海默症的「健忘」症狀的二十五年前開始沉積。

譬如，阿茲海默症在七十歲發作的人，β澱粉樣蛋白從四十五歲就開始沉積了。也就意味著，疾病從那個時候就開始緩慢進行了。

雖說「運動有助於阿茲海默症的預防」，但超過六十歲才開始，效果就不大了。**等健忘的狀況變嚴重了，才急著想做些什麼，或許多少可以改善症狀，但要預防疾病已經太遲了。**

也就是說，超過四十歲就要意識到「預防失智症」這件事。養成每週做兩到三次的有氧運動的習慣，並注意以下的「生活習慣」。

預防失智症的五個生活習慣

預防失智症的生活習慣一

預防生活習慣病

糖尿病、高血壓、高血脂症等生活習慣病，會成為失智症的極大風險。阿茲海默症與「糖尿病」、「高血壓」的關係密切，而「糖尿病」、「高血壓」、「高血脂症」也都會成為腦血管性失智症的風險。

最近尤其受到矚目的是，糖尿病與阿茲海默症的關聯。從以前就知道，有糖尿病的人，患腦血管性失智症的風險會增加兩到三倍，患阿茲海默症的風險也會增加約兩倍。

糖尿病只要定期檢查就能發現，檢查結果若是「血糖稍高」，就要認真做運動並採行飲食療法。得了糖尿病就無法痊癒，所以，在「血糖稍高」的階段，無論如何都要遏止發展成糖尿病。

在高血壓方面有研究顯示，比起老年期的高血壓，中年期的高血壓與阿茲海默症的發作有更高的關聯性。也就是說，四十歲、五十歲有高血壓的人，將來得阿茲海默症的風險比較高。不要因為年輕就放心，要靠飲食和運動及早因應。

預防失智症的生活習慣二

戒菸

抽菸是患失智症的重大風險。調查五十到六十歲的抽菸量與二十年後得失智症的機率，得知一天抽十一到四十根菸的人，是不抽菸的人的一・四倍，一天抽四十一根以上的人，是不抽菸的人的二・一倍。

曾經盛傳抽菸可以降低阿茲海默症的風險，但是，現在這個說法已經完全被推翻，抽菸被視為阿茲海默症的重大危險因子。當然，不只阿茲海默症，也會增加患腦血管性失智症的風險。

不想得失智症，就要戒掉香菸。

均衡的飲食

疫學研究結果所提出的報告顯示，對預防失智症有效的食物，有蔬菜、水果（維他命C、維他命E、β胡蘿蔔素）、青魚（DHA、EPA）、紅酒（多酚）。維他命C、維他命E、多酚都有很好的抗氧化作用。DHA、EPA等不飽和脂肪酸，可以降低血液中的膽固醇濃度，並降低動脈硬化的風險。不過，這些都是根據動物實驗使用高濃度做出來的數據。

根據研究，目前並沒有任何食物對預防失智症有顯著的效果。在現實生活上，不可能限制實驗合作者的「飲食」好幾年。所以，要以科學證明「吃〇〇就不會生病」是非常困難的事，不只是針對失智症。

我在地方醫院工作時，經常拜訪有失智症患者的家庭。他們不是吃便利商店的便當，就是吃白飯配一道菜，以碳水化合物為主、蔬菜量不足，幾乎都是一目了然的「偏食」。

「只有碳水化合物」、「只有肉」的飲食，對健康都不好，不只對預防失智症不好。唯有均衡的飲食，才是健康的秘訣。

睡得好，要小睡

睡眠與記憶力之間關係密切，已經在前面說明了，而睡眠與「預防失智症」之間也有很深的關聯。

根據華盛頓大學的研究，睡眠效率（Sleep efficiency）不好的人患失智症的可能性，最高可達一般人的五倍以上。

腦在睡眠中不只是休息而已。在腦內，一整天的活動產生的老廢物質，會在這時候被排出來，再由腦脊髓液的循環做回收。睡得好，形成阿茲海默症的原因物質β澱粉樣蛋白也會被回收、排出。睡眠不足，腦脊髓液的循環機能就會降低，造成β澱粉樣蛋白的增加、沉積。

根據國立精神、神經醫療中心醫院的研究，有午睡的習慣，可以讓阿茲海默症的風險降低到五分之一。

午睡時間還是以不超過三十分鐘為佳。

怎麼樣都無法取得充分睡眠的人，可以靠午睡來彌補。

以「合一勝」預防失智症

多倫多大學的納克維博士，調查什麼東西可以降低失智症發病的風險，結論是「拼圖的頭腦訓練有最好的預防效果」。

此外，五年間追蹤研究美國七十五歲以上的四百六十九人，發現經常「讀書」、「玩桌遊」、「演奏樂器」、「跳舞」的人，比不太做這些事的人，失智症發病的風險降低百分之七十六。

在疫學研究上有報告顯示，桌遊（西洋棋、將棋、圍棋）、拼圖（填字拼圖）等，都與失智症的預防有關。但是，在介入研究上，目前並沒有得到多明顯的效果。

拼圖、遊戲等頭腦訓練或許不能說「可以完全預防失智症」，但應該可以說是「預防失智症」的候補選項。

一直坐在椅子上，只做頭腦訓練，就不會得失智症嗎？我想大家都知道，不是這麼單純的事。

並不是「只」做某一件什麼事，就能預防頭腦的病態的老化現象「失智症」，沒這麼單純、沒這麼簡單。最近，柔道比賽越來越少「一勝」[7]，失智症就像那樣，也沒有「只靠〇〇就能預防」的「一勝」的預防方法。

注意「飲食」、讀書、與人群接觸，都是活化頭腦的生活習慣。就讓我們以「運動」為基礎，綜合進行這些活動吧。

把這些活動的效果總加起來，或許就可以成為柔道的「合一勝」[8]，預防失智症。

結語

以「未來的工作術」擴展你無限的可能性！

感謝你讀到本書的最後。

看到這裡，應該可以理解「不用記憶的記憶術」，與純粹的「背術」迥然不同。只把資訊儲存在頭腦裡的「以往的記憶術」，可以說是過去的工作術了。

在本書介紹的「不用記憶的記憶術」，是告訴大家不一定要把資訊儲存在頭腦裡面，也可以「記錄」在網路或SNS等自己的外側，藉此發揮記憶的無限潛能，可以說是因應今後的網路、社交媒體時代的「未來的工作術」。

記憶力並不會在成人時達到最高峰，然後直線往下墜，而是年紀增長也會繼續成長；加上活用「大人的能力」，反而是年紀越大越能比以前更俐落地完

7. 壓制二十五秒以上是「一勝」，壓制二十秒未滿二十五秒是「半勝」。
8. 選手獲得第二次「半勝」時，裁判便會宣告「合一勝」。

成工作。再靠「運動」、「睡眠」等活化腦，並實踐預防腦老化的生活習慣，就能維持腦與身體雙方的健康。

不做任何鍛鍊的人，大腦會逐年萎縮，演變成大腦老化與機能退化，失智症便會悄悄上身。說到「老化」、「年紀增長」、「變老」等字眼，很多人就會想到悲觀的未來，那是因為沒有鍛鍊大腦。

持續鍛鍊大腦的人，可以期待更加「提升腦力」、「提升工作能力」，並透過不斷地輸入與輸出，達到爆炸性的自我成長，拓展「無限的可能性」。

「輸出」就是終極的成功法則

我在「前言」也提過，剛進入醫學院的我，對同學們的背的能力感到非常驚訝，自知絕對無法靠記憶力贏過他們。

那麼，有沒有什麼方法，可以在純粹的記憶力之外的部分贏過他們呢？那之後，我成為精神科醫師，積極在學會發表文章、因興趣建置了湯咖哩的網站、在美留學期間發行了電影的電子報、歸國後使用SNS傳達簡單明瞭的精神醫學資訊、寫了很多本書。

經過將近二十五年的種種錯誤嘗試，我充分發揮「自我」與「個性」，找到了激發出自己最大潛能的方法。

這或許可以說是「終極的成功法則」，而這個「終極的成功法則」就是……

想必大家都已經知道了，「輸出」就是「終極的成功法則」。

而輸出亦是「終極的記憶術」。做輸出就能特別留在記憶裡，進而成為自我成長的糧食。

不斷重複輸入與輸出，便能像爬上螺旋梯般自我成長。不能只做輸出，當然也要充分地輸入，才能加速你的自我成長。

我在前一本著作《過目不忘的讀書術》裡，把我每天做的「輸入術」都寫進去了。在本書《不用記憶的記憶術》裡，又把我每天做的「輸出術」都寫進去了。所以，兩本等於一本，彼此是互補的關係。為了把輸入的能力發揮到極致，以期做到更好的輸出，我建議還沒有看過《過目不忘的讀書術》的人，請務必買來看。

有人會悲觀地說：「讀再多的自我啟發書籍、工作術書籍，也改變不了我的人生、以及在公司的地位和薪水。」或許有點殘酷，但我必須說，那是因為這樣的人只讀了書，並沒有做輸出。

沒有做輸出，光是讀書，不可能會有效果。

在本書中，我介紹了很多我二十五年來的錯誤嘗試，以及有最新腦科學為證的「記憶術」。把這些訣竅一一做輸出，付諸行動，絕對不可能「沒有任何改變」。

大部分的人都是「輸入過剩的輸出不足」。要試著削減輸入的時間，逐漸增加輸出。實際做做看，保證你也能開始爬上自我成長的螺旋梯。

不要當看智慧型手機的人，要成為在智慧型手機上被看見的人

每天搭電車時，我都會想：「真的是每個人都盯著智慧型手機呢……」大家看的網站、影片或許百百種，但幾乎所有人都是把智慧型手機當成了輸入的工具。

把這些時間稍微挪一點到輸出上，就能改變人生。

世界上有兩種人，一種是「接收資訊的人」、一種是「發布資訊的人」。以比率來說，恐怕有百分之九十九是「接收資訊的人」，只有百分之一是「發布資訊的人」。也可能有百分之九十九・九是「接收資訊的人」，只有百分之〇・一是「發布資訊的人」。或許也可以換個說法，分成「檢索的人」與「被

檢索的人」、「付錢的人」與「收錢的人」。

你想成為哪一種人呢?

幸好在網路的世界,用來發布資訊的工具,例如臉書、部落格都可以免費使用。只要你想從「接收資訊的人」變成「發布資訊的人」,從今天起就做得到。

不必像我這樣,對幾十萬人發布資訊,數量並不是「發布資訊」的一切。我的湯咖哩網站,最初一天也只有十個人看。

透過發布資訊這樣的輸出,可以鍛鍊你的「記憶」力,增加你的「記錄」,讓你的自我成長突飛猛進。

若是對他人有幫助的輸出,更會被感謝、被歡迎,自己也會有長進。

最後身、心、腦都會健康起來。

還有比這更美好的事嗎?

推廣讀書、學習、運動以及健康的生活習慣,必定能減少失智症的患者。

身為精神科醫師,由衷希望這本書能帶給大家這樣的幫助。

樺澤紫苑

給讀者的禮物

為了讓大家更深入了解本書的「不用記憶的記憶術」，我準備了解說本書內容的「三十分鐘影片講座」，請從以下的URL免費下載。

「三十分鐘輕鬆理解《不用記憶的記憶術》」（線上講座三十分鐘）

http://kabasawa.memory.html

主要參考文獻

※不排序

- 《加強記憶力：最新腦科學所闡明的記憶結構與鍛鍊方法》，池谷裕二著，講談社出版
- 《打造考試腦：以腦科學思考的高效率學習法》，池谷裕二著，新潮社出版
- 《百分之百活用腦力 Brain Rules〔附DVD〕》，John Medina著、小野木明惠譯，NHK出版
- 《記憶與情緒的腦科學：打造「難忘的記憶」的方法》，James L McGaugh著，大石高生、久保田競監譯，講談社出版
- 《為什麼想不起「那個」：記憶與腦的七個謎》，丹尼爾・沙克特著，春日井晶子譯，日本經濟新聞社出版
- 《大局觀與自我奮戰不輸之心》，羽生善治著，角川書店出版
- 《鍛鍊腦的工作記憶體！選擇、連結、活用資訊》，Tracy Alloway、Ross

Alloway 著，栗木 SATSUKI 譯，NHK 出版

- 《滿溢之腦：挑戰工作記憶體的極限》，Torkel Klingberg 著，苧阪直行譯，新曜社出版
- 《健忘的腦科學：最新認知心理學解開記憶之謎》，苧阪滿里子著，講談社出版
- 《「不恐慌」的技術》，西多昌規著，PHP 研究所出版
- 《語言傳達技巧：侍酒師的表達能力》，田崎眞也著，祥傳社出版
- 《考上第一志願的筆記本：東大合格生筆記大公開》，太田文著，文藝春秋出版
- 《心流體驗：喜悅的現象學》，米哈里・契克森米哈賴著，今村浩明譯，世界思想社出版
- 《唯有運動能鍛鍊腦！由最新科學得知的腦細胞增生方法》，John J.Ratey、Eric Hagerman 著，野中香方子譯，NHK 出版
- 《精神科醫生教你熟睡的十二法則：日本最容易懂的睡眠手冊》，樺澤紫苑著，Kindle 電子書

●《腦內物質工作術：七個奇蹟的物質會戲劇性改變你的工作！》，樺澤紫苑著，MAGAZINE HOUSE 出版
●《過目不忘的讀書術》，樺澤紫苑著，SUNMARK 出版
●（公開招募論文）黑格爾「精神現象學」的「外化」概念，小池直人著《哲學（41）》頁一三三—一四三，一九九一年四月

國家圖書館出版品預行編目資料

不用記憶的記憶術 / 樺澤紫苑著；涂愫芸譯. -- 初版. -- 臺北市：平安文化, 2017.01
面；　公分. -- (平安叢書；第544種)(樂在學習；13)
譯自：覚えない記憶術
ISBN 978-986-94066-0-4(平裝)

1.記憶 2.學習方法

176.33　　105022746

平安叢書第0544種
樂在學習 013

不用記憶的記憶術

覚えない記憶術

作　　者—樺澤紫苑
譯　　者—涂愫芸
發 行 人—平雲
出版發行—平安文化有限公司
台北市敦化北路120巷50號
電話◎02-27168888
郵撥帳號◎18420815號
皇冠出版社(香港)有限公司
香港上環文咸東街50號寶恒商業中心
23樓2301-3室
電話◎2529-1778　傳真◎2527-0904
總 編 輯—龔橞甄
責任編輯—陳怡蓁
美術設計—嚴昱琳
著作完成日期—2016年
初版一刷日期—2017年1月
初版二刷日期—2020年7月
法律顧問—王惠光律師

讀者服務傳真專線◎02-27150507
電腦編號◎520013
ISBN◎978-986-94066-0-4
Printed in Taiwan
本書定價◎新台幣320元/港幣107元